DEDICATC

Me parece que por fuerza mayor Los Cronistas del Siglo XVI, dedicaron sus crónicas a los Reyes de España y al Santo Padre. En cambio la dedico ésta al Dios, Creador, Sustentador de los cielos y la tierra y todo lo que en ellos hay; a mi querida esposa, Juanita, nuestros hijos y nietos, y a todos quienes nos acompañaban a lo largo de esos años, cuyas vidas, conscientemente o inconscientemente, dieron sabor y razón de ser a nuestras vidas.

Dada de mi mano, en la aldea de Kinghorn, condado de Fife, Escocia en el Año de nuestro Señor Jesucristo, 2013

G. Stewart (Estuardo) McIntosh

(El hermano *Makisapa Maquintunchi*)

© Skipton, 2018

PROEMIO

En que se declara el intento de esta obra y la división de ella:

Al llegar al Perú en junio de 1965, por barco, desde Gran Bretaña, respondiendo al llamamiento de Dios, me infundió en mí un hambre de conocer más de esos lares en donde íbamos a pasar muchos años de nuestra vida. Tal vez, en cambio a unos otros que vinieron con el mensaje del Evangelio a lo largo de los siglos, hubo en mí un anhelo de conocer, difundir y practicar el Evangelio de Cristo a ras del suelo, desde sus raíces neo-testamentarias, y a través de los trabajos abnegados de muchos nacidos en este continente latino-americano, cuyos nombres, e historias nunca figuraban en los escritos de las misiones y compañías de afuera.

Este intento de registrar algo del periodo de nuestra estadía fue fomentado por el Golpe

Militar de 1986 en el Perú, que resultó, como un efecto secundario, en la publicación de muchos autores desconocidos por mí, bajo la serie intitulada Biblioteca Peruana. Esta veta de información sobre la vida peruana desde los tiempos de la Conquista a la Época Republicana era una bendición. Pasaba mucho tiempo en buscarlos en los kioscos y en las veredas de la Av. Grau en Lima y en las librerías de Estudium y San Pablo, lugares considerados "sospechosos" por evangélicos en aquel entonces. ¡Solamente los libros "sanos" para evangélicos se encontraron en la Librería Evangélica 'El Inca' en el Jr. Pachitea!

Al vivir esos años, me di cuenta que hubo muchas realidades que se llaman un Perú. Este trabajo es un intento de enfocar en algunas de ellas que pasan por ser desapercibidas en otras historias. Permítame un ejemplo: En 1990, me senté al lado de un humilde y abnegado predicador evangélico laico, nacido en Apurímac, padre de diez hijos, trabajador en el Ministerio de Salud, y le pregunté: ¿Cómo fueron las elecciones para Presidente?, -

Después de largo rato me contestó - No voté por Vargas Llosa, porque tiene una boca sucia, y no es digno de ser Presidente -

Me quedé admirado, - ¿Qué dijo él, entonces? -

-Dijo, el Perú es un "cacástrofe". No sé qué quiere decir esto, pero no se puede decir "caca" así, no más, ¡Fujimori es un caballero, pues voté por el! -

Pasé por muchos mundos, muchos idiomas, muchos trajes, muchas historias, muchas sobrevivencias, muchos paisajes, muchos tiempos y muchos mensajes cuya única ligadura fue, Cristo el Señor.

Al leer La Crónica del Perú, por Pedro Cieza de León, las palabras en su Proemio encontraron eco en mi corazón:

"Mientras los otros (soldados) descansaban, cansaba yo escribiendo ... y cobrando ánimo, con mayor confianza determiné a gastar algún tiempo en escribir historia. Y para ello me movieron las cosas siguientes: La primera, ver que en todas partes donde yo andaba ninguno se ocupaba en escribir nada de lo que pasaba. Y que el tiempo consume la memoria de las cosas de tal manera, que si no por rastros y vías exquisitas, en lo venidero, no se sabe con verdadera noticia lo que pasó..."

Durante este periodo de nuestra vida en el Perú, escribimos cartas quincenales a nuestros padres; informes mensuales a la Misión Evangélica, RBMU/Misión del Perú

Interior ahora Enlace Latino con sede en Gran Bretaña; notas, apuntes, monografías, disertaciones, libritos, etc., etc.; la grande parte que forma ahora un archivo nuestro de más de mil seiscientos documentos en la Biblioteca Nacional de Escocia en Edimburgo.

1965 - PRIMERA LLEGADA A "TIERRA FIRME"

Con mi esposa, Juanita, y nuestra bebé, Alison, atracamos en la Bahía de Callao, Perú, el 5 de junio de 1965 en la motonave de carga, *Stuttgart*[1], desembarcando el 6 de junio en el primer cumpleaños de Alison, después de tres semanas en el mar, procedente de Antwerp en Bélgíca[2], Habíamos entrado en las Islas Holandesas;

---

[1] 20,000 mil toneladas de la Cia. *Hapag Lloyd*
[2] El costo del viaje era US 400 por persona. No había vuelos directos a América Latina en aquel entonces

descargamos en Santa Marta; luego pasamos por el Canal de Panamá; Buenaventura en Colombia; Guayaquil en Ecuador y los puertos de Paita y Salaverry en el Perú.

Habíamos salido de la casa de los padres de Juanita[3], viajando por tren con nuestra bebé, su coche y nuestras maletas a la Estación de Ferrocarril *Victoria* en Londres. Allí los hermanos y amigos nuestros hicieron un círculo de oración, como solían hacer para misioneros, antes de abordar nosotros el tren para el puerto de Dover. Cruzando el *Canal de La Mancha* por barco a Ostende, pasamos a otro tren a Antwerp en Bélgica. Era de noche, en la lluvia, cuando entramos el *Antwerp Docks Hotel* con miras de subir al barco, rumbo al Perú, al siguiente día. El hotel estaba repleto de huéspedes del *Bentley Drivers' Club,* ricos y ostentosos británicos,

---

[3] Carshalton Beeches, Surrey, Inglaterra

en un paseo por Europa con sus famosos coches de deporte de antaño. Descubrimos que el barco no había llegado aún, desde Hamburgo, por motivos de huelgas y por lo tanto tendríamos que quedarnos más de una noche en el hotel. Teníamos muy pocos recursos económicos. Sobrevivimos dos días comiendo galletas de soda y con los alimentos que habíamos llevado para la bebé.

Había solamente una pareja pasajera más en el barco, un alemán y su esposa boliviana, con su hijito, rumbo a una cervecería en Challapata, por Oruro, en Bolivia.

El viaje por barco era tranquilo, nada que hacer sino observar el cargar y descargar en los puertos y comer, estilo alemán, tres veces al día. Pudimos salir a pasear en Curazao y luego en Buenaventura en Colombia. Paseamos con el coche de bebé en

Buenaventura y oímos el sonido de cohetes y fuegos artificiales como si estuviese el pueblo de fiesta. Vino el piloto de la nave en apuro gritando,

¡Regresen al barco, hay revolución, son disparos!

En el Callao, al llegar al muelle, nuestros jefes nos habían aconsejado no dejar a nadie tocar nuestros baúles, salvo un Señor Valdés, fletero, empleado por el *Concilio Nacional Evangélico del Perú (CONEP)*[4]. Vimos nuestros baúles bajando por la grúa, pero el Sr. Valdés no apareció. Otro habló con nosotros diciendo que era el representante de Valdés. Yo, con ni una palabra de castellano, desconfiando de todo, y de todos, me eché sobre los baúles y rehusé moverme hasta que

---

[4] Entidad representativa de las Iglesias Evangélicas en el Perú desde 1940

este Sr. Valdés apareciera. Finalmente apareció él, debidamente documentado y pasamos por las Aduanas. El consejo dado en Inglaterra fue de incluir algunos objetos sin mucho valor encima, porque "*siempre roban algo*".

Pusimos a Alison sobre los baúles y la gente aduanera se quedó admirada de una gordita "*pacuchita*" que sonreía, abrazando su muñequita. Aprendí mis primeras lecciones culturales. ¡Los bebés son pasaportes al corazón latino y no hay que desconfiar de todo! Pasamos sin dificultad. Nosotros, los baúles, Valdés y su ayudante subimos a su camioneta *"Chévere-lata"* rumbo a Miraflores. Veinte años después vimos al hijo de Valdés ¡y la misma camioneta!

El departamento de la Misión del Perú Interior[5] se hallaba en el quinto piso de un

---

[5] Fundada en 1931 como *The Lamas Mission* por las Srtas. Annie Soper y Rhoda Gould, e incorporada en la RBMU en 1948

edificio en la Avenida La Paz en Miraflores. La Misión lo había comprado como "ganga" en la década cincuenta, porque nadie en aquel entonces quería vivir en el quinto piso de un edificio por miedo de los terremotos. Cuando salimos del Perú en diciembre de 1993, ¡nadie podía construir en esa zona con menos de quince pisos! Gozaba de dos dormitorios, una sala, cocina, baño y cuarto de servicio en el balcón. Muchas veces había más de una familia hospedándose de paso allí. Encontramos a una familia, Noel y Eileen Greenhalgh, médico británico de nuestra misión[6], que iba a servir como médico en el *Hospital Evangélico* en Lamas[7] de 1966-1968. El siguiente día, domingo, me llevaron en taxi al *Templo Maranata* de la IEP[8] en la

---

[6] *Regions Beyond Missionary Union* (RBMU) , misión internacional, interdenominacional y evangélica, formada en 1886

[7] Fundado en 1937 por las dos Srtas. Ana Soper y Rhoda Gould, misioneras británicas trabajando en el hospital Dos de Mayo en Lima quienes pasaron a Moyobamba en 1931 a trabajar con los de la Free Church de Escocia

Cuadra 6 de la Avenida Brasil. El único recuerdo mío fue una conversación con Jorge Case, británico, ex misionero de la EUSA[9], quien me preguntó,

¿Para qué has venido al Perú?-

A trabajar en el mundo quechua —respondí yo.

¡Pérdida de tiempo! —fue la respuesta brusca.

Descubrí que Don Jorge había trabajado en Andahuaylas con el programa de la traducción del Nuevo Testamento del Quechua de Ayacucho, juntamente con don Florencio Segura[10]; y con otros también, en la redacción de una nueva edición del himnario *Himnos y Canticos.* Luego, iba a descubrir que Don Jorge, como otros, era un

---

[8] La Denominación - *Iglesia Evangélica Peruana*

[9] EUSA -*Evangelical Union of South America* , fundada en 1911 con labores en Brasil, Argentina y el Perú (UNEP)

[10] La historia de su vida y la contribución al mundo quechua se encuentra en una tesis doctoral de Deborah Chapman en la Biblioteca del New College, Edimburgo, 2011

perfeccionista y nunca se atrevía de predicar en quechua, por temor de cometer un error. Tanto él, como Leslie Hoggarth[11], experto en el dialecto quechua del Cuzco, sufrían, innecesariamente, de grandes complejos de inferioridad porque venían de trasfondos no académicos; sin embargo, se involucraron en trabajos de traducción y lingüística, con mucho éxito. Más tarde Hoggarth, al ser invitado por *la Universidad de San Andrés* en Escocia como *Reader* en *el Centro de Estudios de Lingüística y Dialectología*, no me permitió que gravara ni fotocopiara nada suyo, por temor de no ser "*absolutamente fidedigno*". Todo esto resultó en una de pérdida de conocimiento del mundo andino y por ende la generación mía tenía que comenzar de fojas cero, con la ayuda de trabajos de los sacerdotes católicos como Thomas Garr y Manuel Marzal; autores

---

[11] Británico, de la Misión EUSA (UNEP) f. 2005

peruanos como J.M. Arguedas, Ciro Alegría; Jesús Lara, el boliviano y revistas como *Allpanchis Phuturinqa[12]*. Había, en la mayoría de las misiones evangélicas, una sospecha de un enlace entre la falta de espiritualidad y la incursión en las áreas académicas. Juanita y yo, siendo los primeros misioneros graduados de la universidad británica, sufrimos así por las actitudes de algunos colegas en la MPI[13].

El día siguiente fue mi primera salida solo al mundo peruano. Fui enviado a comprar nuestros boletos aéreos para Cochabamba, Bolivia, donde yo iba[14] a estudiar el idioma castellano en una escuela de idiomas para misioneros. Me dieron dos soles y los dólares para los boletos e indicaron dónde se encontraba la ruta del colectivo al centro de

[12] Instituto Pastoral Andino, Cuzco
[13] *Misión del Perú Interior*
[14] Juanita hablaba castellano desde el colegio, la universidad y durante visitas a España

Lima. De paso tenía que encontrar las oficinas del *CONEP (Concilio Nacional Evangélico del Perú)* y su secretario general de aquel entonces, Dr. Heriberto Money[15]. Pasé por los tranvías en el centro y los inicios del "Zanjón". Detrás de la Librería *El Inca*[16] encontré la oficina del Sr. Money. Me escudriñó y dijo en inglés:

—*Sr. McIntosh, nosotros tenemos un estándar mínimo de presencia aquí en el Perú; favor de ir, de inmediato, a una peluquería.*

Mucho más tarde, en 1998, yo iba a editar y publicar sus memorias. Money era el último de los grandes "caciques" de la era de la segunda generación de misioneros evangélicos al Perú.

---

[15] Más sobre él más adelante...
[16] Jirón Pachitea

Pronto nos encontramos de viaje a Bolivia, desde el nuevo aeropuerto *Jorge Chávez* en Lima. El avión, un DC 6, gozaba de una cabina altimática. Pasamos por encima del volcán *Misti* y luego por el lago Titicaca, con una escala corta en el aeropuerto *El Alto* en La Paz. Llegamos a Cochabamba a respirar aire fresco de valle. Nuestro colega, Marcos Sirag[17], estaba esperándonos y pasamos a una casa de dos pisos en *Cala-Cala* cerca al Estadio. Muchas de las casas carecían de acabados y había un templo evangélico que se reconocía solamente por el nombre "*The*

---

[17] Nuevo misionero norteamericano de la RBMU

Firestones' Church", señal quizás de aquel entonces que los templos evangélicos fueron construidos por individuos o entidades extranjeras. Cochabamba fue nuestra base para los siguientes diez meses.

....

1965 - NUEVOS ENCUENTROS - COCHABAMBA, BOLIVIA

El encuentro con el mundo andino no fue tan chocante como el encuentro con el mundo de los misioneros/as y las misiones evangélicas! Éramos dos familias y un joven, todos misioneros, en el segundo piso de la casa al inicio de nuestro tiempo. Luego íbamos a tener otra familia misionera británica viviendo en el primer piso con nosotros. La otra familia, Cooper Battle de Memphis, Tennessee, su esposa Dorotea encinta, y con dos hijos, iban a finalizar sus estudios pocos meses después de nuestra llegada.

Éramos todos parte de la misma misión interdenominacional e internacional, RBMU. Los Battle eran amigables y de mucha ayuda para nosotros, los neófitos en el terreno. Cooper nos enseñó cómo hacer compras en *La Cancha*, un mercado popular de carpas y tienditas, donde comprábamos verduras y frutas, la carne y las latas de queso y mantequilla, tituladas, "*A gift from the United States of America*"[18]. Estos víveres formaban

---

[18] *Una donación gratuita de los EEUU*

parte de un programa contra el Comunismo en América Latina con un desafortunado nombre *"Alianza para el Progreso"*, ¡de doble sentido, aún no comprendido por los *"gringuitos"!* No se dieron cuenta tampoco en los EEUU ¡que los bolivianos producían el mejor queso y la mejor mantequilla en el valle de Cochabamba!

Nos costaba mucho comprender las costumbres de algunos de los misioneros norteamericanos y luego iba a costarnos cierta pena por sus relaciones con el pueblo. Los viernes en la noche los Battle cocinaban *"pop-corn"*[19] y tomaban *Coca-Cola*. Cochabamba tenía una fábrica de producción de este refresco, que mi colega Samuel Escobar[20] iba titular '*¡las aguas negras del imperialismo*!' Hubo otras comparaciones de

---

[19] Palomitas de maíz
[20] Catedrático y autor peruano evangélico

corte despectivo por los extranjeros hacia la *Inca Kola,* el refresco que apareció como rival de la Coca Cola durante el tiempo del militarismo en el Perú. Los *gringos* nos aseguraban que ¡provenía de la orina de caballo! Otra costumbre nueva para nosotros fue el *"paddling"* de niños, un castigo de golpes con una varita en las nalgas. Fue difícil para nosotros recordar que nuestros colegas y amigos del sur de los EEUU estaban imbuidos con el trasfondo de la lucha del movimiento de *"Civil Rights"*[21] y la libertad de los negros en sus estados.

Cada fin de mes hubo una reunión de misioneros extranjeros en una u otra sede de las misiones en Cochabamba, con fines de la oración y *"fellowship"* – compañerismo y comunión. Había en ese entonces el sentir que uno no podría tener pleno y satisfactorio

---

[21] *Derechos civiles*

compañerismo, ni comunión completa en la oración, ni compartir nuestros dolores y alegrías, con hermanos nacionales. Era necesario cantar los himnos en inglés, escuchar un testimonio o mensaje de otro misionero/a y comer platos de origen de los EEUU, Australia, Nueva Zelandia, para nosotros más novedosos que la comida latina, viandas como *jello, sándwich de mantequilla de maní, gelatina de zanahoria, brownies,* etc.. Se hablaba en las reuniones - de cómo las empleadas no eran de mucha confianza; que tal "joven" pastor (¡casado, de 40 años!) era muy promisorio; que debemos conseguir nuevas camionetas o refrigeradoras; que las noticias por el VOA[22] o la BBC de Londres daban mucha preocupación, marginando por completo a las emisoras locales y nacionales. Se circulaban las revistas como *Time magazine, The Guardian* y revistas

---

[22] *Voice of America y British Broadcasting Corpoartion*

evangélicas en inglés. Nosotros sintonizábamos a "*Radio Cochabamba*", a propósito, donde a toda hora se escuchaba el rezo: ¡"*Santa María, madre de Dios....*"!

Tuve la posibilidad de iniciar mis estudios en castellano a medio semestre y fui para una entrevista con la directora "Miss" (Señorita) Pickering. Resultó que me amonestó, diciendo que se llamaba "Mrs." (Señora) Pickering. ¡Yo no había logrado distinguir la pronunciación entre Miss y Mrs., del inglés de Tennessee! No fue un buen comienzo. Los otros profesores eran bolivianos y paulatinamente adquirí conocimiento del idioma. La Profesora Violeta se molestó conmigo al intentar utilizar jerga boliviana como *si'ps, no'ps, clar'ps* and zumbando la "rr". Me parecía importante hablar con los acentos de los pueblos y no como la "Real Academia" o la clase burguesa. Notaba que

Jesús hablaba en arameo, el idioma del pueblo. Luego iba a darme cuenta que en el Perú el fenómeno cultural de "confianza", esa relación íntima entre personas transnacionales, dependía no tanto de la espiritualidad o el respeto, sino del modo de hablar y de vestirse. Los anteriores misioneros se vestían de "*gringo con traje y corbata*", y hablaban castellano de libro, que ponía una barrera innecesaria entre ellos y la gente.

Fui invitado a ir a una *Reunión Nacional de Jóvenes* en Santa Cruz, parte

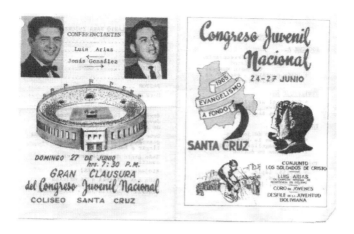

del programa de *Evangelismo a Fondo* en 1965 - un programa continental que iba a cambiar la cara y el papel de la Iglesia Evangélica en América Latina. Fue mi primera experiencia de ir a un lugar tropical. Fuimos en la línea de transportes interprovinciales "Jet", un viaje de doce horas de 450 kms.[23] El ayudante del ómnibus viajaba encima con el equipaje, bajando y entrando por la escalera y a la puerta trasera. En Santa Cruz, dormimos en un salón grande

---

[23] llamados" *flota*s" o *"góndolas"*.

acolchonado con *ichu*[24] . Tenía miedo de los bichos y zancudos y me escondí en mi bolsa de dormir para montañas y ¡pasaba las noches, sudando! A mi lado estuvo un joven pastor que esperaba sobrevivir con un sueldo equivalente a seis dólares al mes. Noté que la mayoría de los jóvenes hablaban quechua entre sí; algunos de los jóvenes, los más rebeldes, eran hijos de misioneros, y luego otros jóvenes seguían a los misioneros como ovejitas.   Los predicadores en el estadio eran latinos entusiastas y se sentía la presencia del Espíritu de Dios en medio de nosotros. Durante el día jugamos deportes, repartíamos folletos y visitábamos varios lugares de interés. En aquel entonces las calles eran arenosas; había bueyes con grandes carretas en medio de los coches y camiones. Miré con interés la catedral de

---

[24] Hierba del campo

Santa Cruz y sus campanas que habían traído desde España. El ómnibus de regreso se incendió y hubo una demora de cuatro horas de salida. Nada inusual.

Paulatinamente me di cuenta de la presencia de dos mundos en el contexto boliviano. Anhelaba incursionar en el mundo de lo que el Presidente Belaunde Terry del Perú solía llamar *"los menos favorecidos"*. Este otro mundo, el autóctono de los quechua, aymara y las comunidades nativas, me atraía, y aprovechamos un día, con Juanita, ya encinta, nuestra hijita Alison y otra familia a ir en ómnibus a Punata (quechua hablante) en el valle de Cochabamba, para tener una reunión al "aire libre", y repartir folletos. El día era lúgubre y llovioso, las calles con charcos y barro; la gente del campo monolingüe quechua y nuestros esfuerzos de evangelización aparentemente en vano. De pronto apareció un pastor bautista boliviano,

Fernando Gallinda, y su esposa[25], quienes nos invitaron a casa, nos proveyeron de sopa y pan común y él me invitó a acompañarle en bicicleta a las casas en el campo en otra oportunidad. Regresamos con ánimo y acción de gracias por esta oportunidad. El siguiente domingo fui en bicicleta desde su casa por las chacras, camino por las acequias. Aprendí cómo cosechar y comer "*tunas*" de paso en el camino. Y aprendí a sentarme al lado de las papas y y los choclos (maíz) en la casa de un solo cuarto de don Felipe, su esposa doña Caterina, sus dos hijos y su perro, con los otros reunidos para el culto a las tres de la tarde. Encerrado por las paredes de barro, con la *pirua* para proteger el choclo, tomando *yerba luisa* y *canela*, observé lo que pensaba que era un monto de trapos a mis pies. Resultó ser un bebé durmiendo. Cantamos hermosos himnos en quechua al

---

[25] Murieron en un accidente de tránsito

lado de quince a veinte campesinos en su ropa dominguera. Noté, sin embargo, que muchos de los himnos eran traducciones del inglés/castellano con melodías inglesas, p.ej. *Coronaychej, coronaychej, coronaychej paymi reyqa…*[26] y faltaba el sabor autóctono, algo que iba a contribuir a cambiar. En la pared había un afiche del Presidente, un *afiche* de EVAF[27] y un calendario con textos bíblicos para cada día. En otra casa recibimos un plato de huevo frito, papas, chuño, cebolla y *uchu*[28]. Nos reunimos 16 personas para alabar a Dios. La ofrenda constaba de billetes mugrientos que iban ser destinados para la compra de baterías para un proyector portátil para mostrar el Evangelio en las casas de campo, y para pagar para que algunos pudieran ir en noviembre a la *Marcha*

---

[26] El himno "*Ved a Cristo, Rey de gloria es del mundo el vencedor...*"
[27] Evangelismo a Fondo
[28] Aprendí allí el chiste sobre este picante fuerte - el gringo dijo: —*Si es uchu, ¿qué de nueve?*

Nacional de Testimonio al Evangelio en La Paz. Una empleada joven ofrendó el equivalente de una semana de trabajo. El regreso a bicicleta en la lluvia y el viento no era muy agradable; perdí el último *rápido* [29] y tenía que esperar el tren. En realidad "el tren" no tenía nada que ver con el ferrocarril, sino un ómnibus destartalado que corría por los rieles. Comenzaba a ver que la evangelización en el campo era cosa costosa, lenta y de mucho empeño. Durante el año de *Evangelismo a Fondo* en Bolivia hubo 209 "decisiones" en Cochabamba; 20,000 en Bolivia y 25,000 marcharon en La Paz en noviembre de 1965. Los periódicos comentaban, *¡Cuán ordenados, disciplinados y limpios, llevando Biblias, los campesinos en la Marcha!*

---

[29] Ómnibus

Con la preocupación de incursionar más al mundo quechua, antes de terminar mis clases en castellano, participé en el primer curso del idioma quechua auspiciado por el ILV[30]. Nos reunimos un grupo de la *Bolivian Indian Mission[31],* y los bautistas. Los jesuitas[32] en Cochabamba habían preparado materiales sobre el idioma quechua para sus sacerdotes. Pero en aquel entonces la enemistad entre católicos y evangélicos por ambos lados era notaria y no pudimos asistir a su Instituto. Claro, en la BIM había habido avance en el mundo quechua por muchos años y tuve el privilegio de conocer a gente mayor como Leslie Shedd[33] y Minnie Myers, ambos

---

[30] ILV/WBT/SIL Instituto Lingüístico de Verano, Wycliffe Bible Translators, Summer Institute of Linguistics - una entidad evangélica para la traducción de la Palabra de Dios. Juanita y yo participamos en cursos para traductores del WBT en Inglaterra 1963 y 1964

[31] Uno de los primeros grupos evangélicos que trabajó en Bolivia (BIM)

[32] Xavier Albo SJ siendo uno de ellos. Los jesuitas en el siglo XVI eran pioneros en la producción de diccionarios de idiomas autóctonos

[33] Shedd me dijo: *el día que la misión compró una camioneta y*

protagonistas en la traducción del Nuevo Testamento al quechua de Bolivia. Más tarde visité Challapata, por Oruro, donde los Mayes[34] habían trabajado y predicado por muchos años y donde su hija había muerto de tifoidea. Mis recuerdos de la Convención quechua, el fin de la semana de Carnaval, son: los bautismos en un tanque portátil de madera encofrada; otro Sr. Macintosh tocando violín, cantando en quechua y el ejército boliviano estacionado allí; saliendo en la escarcha a las seis de la mañana par ¡hacer nuestras necesidades detrás de un muro bajo de adobe en el campo, al otro lado de la pista! Fui invitado a la cervecería por los amigos del barco y fue difícil testificar como cristiano en medio de la "*challa*" con trago, cerveza, bandas, bailes y la borrachera. Por eso, las convenciones se realizaban muchas veces en

---

dejó de andar con la gente fue el día del retroceso en la obra quechua del campo
[34] Larry Mayes de la *Bolivian Indian Mission*

tiempos de las fiestas como la Pascua y la fiesta patronal para ayudar a evitar la tentación, como evangélico, de emborracharse o el compromiso de ser el patrono de la fiesta.

Durante nuestra estadía en Cochabamba, como parte de mi curso de idioma, tuve el privilegio de tener como profesor al director de la *Misión Andina Evangélica*[35], don C. Pedro Wagner[36]. Don Pedro era único en su género y me trató como si fuera su íntimo hijo. Me prestó libros sobre la historia de las misiones, me dio copias de *Practical Anthropology* y *Evangelical Missions Quarterly,* piedras fundadoras del lo que sería la revista *Missiology*, pocos años después. Fue un peldaño para mí en entender la

---

[35] MAE, antes *Bolivian Indian Mission*
[36] Wagner, misionero norteamericano -1956 =1971. Profesor de *Fuller Theological Seminary School of World Missions,* 1971-2001 .

realidad del *missio-dei*. Conversamos a menudo sobre dos temas de interés suyo, *los dones del Espíritu Santo* e *Iglecrecimiento*. Dio estudios bíblicos sobre Romanos 12; Efes. 4 y 1 Cor. 12-14 y causó susto entre algunos de la generación misionera antes de nosotros, porque olía a pentecostalismo, considerado casi como "secta" en ese entonces.

El tema de *los dones del Espíritu Santo* no era novedad para mí, porque había tenido contacto con ello en Gran Bretána[37] antes y había formado mis conclusiones de la necesidad de *equipar a (todos) los santos pare la obra del ministerio* según Efesios, capítulo cuatro, ayudado por los escritos de Roland Allen[38]. Con el tutelaje de Pedro

---

[37] Los primeros carismáticos, estudiantes de Holanda, nos visitaron en London Bible College alrededor de 1961

32Roland Allen 1886-1947 The Ministry of the Spirit.

Wagner, leí todos los libros de McGavern[39] y otros de esta escuela y como monografía por su curso presenté un trabajo titulado "*Home Thoughts From Abroad*"[40], trazando el progreso de la evangelización del mundo quechua.

Durante el mes de octubre recibimos las noticas de la *Conferencia anual* de la Misión nuestra en el Perú[41], informándonos que los Battle irían a trabajar en Juanjui[42]; los Hall[43] a

Selected Writings, Cambridge: Lutterworth Press, 2006, ISBN 978-0-7188-9173-2; *Missionary Methods. St Paul's or Ours?*, Cambridge: Lutterworth Press, 2006, ISBN 978-0-7188-9168-8*Missionary Principles and Practice*, Cambridge: Lutterworth Press, 2006, ISBN 978-0-7188-9170-1; *The Spontaneous Expansion of the Church and the Causes which Hinder it.*, Cambridge: Lutterworth Press, 2006, ISBN 978-0-7188-9171-8;

[39] Donald Anderson McGavran (1897–1990) misiólogo y decano de *Fuller Theological Seminary* en Pasadena, California
[40] *Pensamientos de corazón en el campo de la Misión*. Iba a enviarlo a todas las misiones evangélicas en los países andinos, 16pp en NLS/BNE
[41] *Misión del Perú Interior* con sede en Lamas, San Martín, Perú
[42] Río Huallaga, provincia San Martín
[43] Colin y Betty y sus bebés. Nuevos en Cochabamba, después de nosotros

Lamas; Marcos Sirag con otro, abriría una nueva obra en la región del Cainerachi[44], y nosotros iríamos al Valle de Sisa, para obra entre los quechua de San Martín.

Antes de nuestra salida en abril de 1966, se llevó a cabo la *Campaña Evangelística Regional* de EVAF, conducida por un evangelista argentino, en el estadio en Cala-Cala. Varias personas aceptaron a Cristo. También hubo el *Primer Desfile* por Cochabamba por los evangélicos. No sabíamos si habría disturbios, fomentados por los jesuitas, pero todo pasó bien.

De en medio de todos estos afanes, tuvimos el gozo tener a un hijo, John McIntosh, nacido en diciembre de 1965 en Cochabamba. Su llegada ocurrió en medio de una huelga general y hubo la posibilidad de un ataque contra la *Clínica San Francisco* por operar en ese día. Tuvimos que entrar

---

[44] Camino a Taraoto-Yurimaguas, San Martín

disimuladamente y fue un acto de valentía de parte del Dr. Nigovich de practicar la cesárea. Damos gracias a Dios por la ayuda y la atención médica que recibimos en Bolivia. Como en todas partes había ciertos riesgos de salud, de enfermedad por el agua y nosotros siempre hervíamos nuestra agua por cinco minutos en la altura y lavábamos las verduras en agua con yodo. Hubo un "huésped" en la casa nuestra, una *Vinchuca*, delgada cuando no chupaba la sangre, pero ¡como una botellita cuando estaba repleta de sangre humana! Podría haber causado la enfermedad de *"Chaga"*. Dimos gracias a Dios por su protección.

Decidimos afiliarnos en Cochabamba a una pequeña iglesia de *los Hermanos Libres,* bajo la supervisión de los esposos escoceses, Lander. Los hermanos libres[45] habían jugado

---

[45] Los hermanos Libres/Christian Brethren y su misión titulada

un papel importante en la evangelización por las rutas de los ferrocarriles en el Cono Sur. Muchos de ellos eran mecánicos o ingenieros extranjeros y se sostenían trabajando y predicando a la vez. Los Lander también trabajaban entre los ciegos enseñándoles Braille y corrigiendo cursos por correspondencia para gente cristiana nueva de Bolivia, que estaba muy de modo en esos tiempos. Sin embargo llevaban en sí un paternalismo motivado quizás por no tener hijos propios. Después de cada culto repartían dulces a la congregación y cerraban el culto con la misma frase, - *Muchas gracias por su atención dispensada, muy buenos días.* -

Había otro fenómeno practicado por esa generación de misioneros/as, la cultivación de la planta *la violeta africana*. En verdad, ¡no sé por qué!

"*El choque de cultura*"[46] no fue un tema explorado, ni reconocido en esa época. La realidad de "*no sentirse en casa*" en un campo misionero y el retiro y regreso temprano al país de origen en una misión, era denominado como un "*failure*" (fracaso), y a veces el supuesto fracaso fue minimizado diciendo que "*el pobre sufrió una u otra enfermedad*". La posibilidad de casarse o de enamorarse con un hermano nacional fue considerado "*unsuitable*" (indeseable/inapropiado) y en caso de que prosiguiera el matrimonio, una misionera tendría que salir de la misión; sin embargo el misionero varón podría traer una latina cristiana al seno de la misión. La MAE, como la RBMU y otros se jactaban de ser

---

[46] *Culture shock*

"internacionales", pero solamente entre las naciones "blancas"[47]. La *Latin American Mission* (*LAM*) con sede en Costa Rica fue una de las primeras en invitar y sostener económicamente a latinos/as dentro de su organización.

Llegó el mes de abril de 1966 y era tiempo para regresar al Perú y formar parte del equipo de la *Misión del Perú Interior* (MPI) en el departamento de San Martín en el nororiente peruano. Al abordar el avión para Lima nos sentimos tristes de dejar el mundo boliviano. No sabíamos que íbamos a regresar en varias oportunidades y jugar un papel en la vida de la Iglesia de ese hermoso y convulsionado país. Llevamos a Bolivia con nosotros ¡en nuestro Cochabambino, John!

---

[47] En 1969 llegó un jamaiquino a la MAE, una novedad para muchos

....

1966 - RUMBO A LA MONTAÑA

- 'EL VIVIR TRANQUILO'

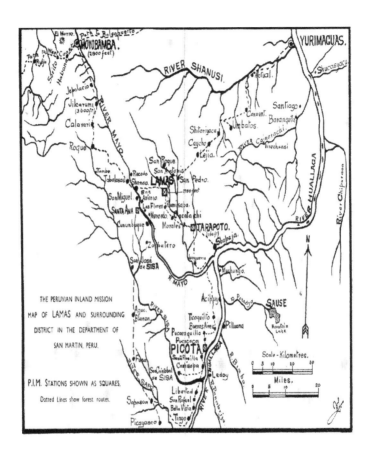

Nuestro regreso a Lima nos introdujo a otra realidad, la proximidad de la muerte súbita en América Latina.   Nuestro hijo John,   de cuatro meses,   llegó a Lima con diarrea y vómitos y una fiebre alta. Los otros en el departamento sugirieron que le llevásemos al *Hospital del Niño* en la Avenida Brasil. Fuimos de inmediato en taxi. Después de ciertos "papeleos" en la emergencia, le colocamos sobre una mesa de cirugía manchada y la enfermera puso una bolsa de hielo sobre su frente y le pusieron una inyección de algo. Luego se nos recomendó que le llevásemos a casa y le diéramos cucharaditas de suero, cada media hora, todo la noche. En un par de días se cortó la fiebre y la diarrea y se le veía como nuevo. Pero íbamos a ver a muchos pequeños en la Sierra y en la Selva que no recibieron la atención inmediata, que es tan importante en casos de deshidratación.

Hablando de "papeleos", aprendimos muy pronto que la vida de los países latinoamericanos giraba alrededor de la documentación, los trámites y el proceso de duplicación de toda índole[48]. Era necesario para todos los misioneros extranjeros gozar de una visa tipo *inmigrante no residente.* Este documento era solicitado por la misión en el exterior y colocado en nuestros pasaportes. De allí era necesario tramitar un *Carnet de identidad.* El proceso en 1966 era tortuoso. El primer paso: un *certificado domiciliario,* comprado en el correo, rellenado en el camino y llevado personalmente al puesto policial del barrio. En verdad, la policía debería de visitarnos en casa para verificar nuestra residencia en Av. La Paz, pero por una pequeña suma extra, ¡se dio por sentado que estuvimos viviendo allí! Demoró un par de días en llegar a nuestras manos con su debido sello y rubro. Luego teníamos que viajar a una clínica cerca a la

---

[48] Todo documento oficial en aquel entonces tenía que presentarse en "*Papel sello sexto*" comprado en kioscos

Plaza Colón para un examen médico. Otra vez, era un sistema de ir de ventanilla en ventanilla a conseguir los certificados, la cita, el pago de examen, los sellos, y luego el examen de Rayos X, para detectar la tuberculosis. Requería otro pago en otra ventanilla para las placas de los Rayos-X. La máquina y los médicos eran de buena presencia y nos estacionamos ante la máquina y seguímos el orden de "*no respirar, por favor*". Después de un "*clic*" nos vestimos de nuevo. Noté, sin embargo, ¡que el aparato no estaba enchufado!

¡Ese día aprendí otra lección para comprender otra realidad latina! Y es que la forma es más importante que el contenido. Esperamos otros dos días para los resultados y los certificados – resultados negativos, por supuesto. Armados con estos documentos, una cantidad de dólares, los pasaportes, y dos bebés, fuimos a la oficina del CONEP para que don Heriberto Money nos llevase a *la Extranjería*, en aquel entonces en un hermoso edificio colonial en pleno centro de Lima. Sufría yo, de cuando en cuando, ataques fuertes del asma y no había los grandes remedios de control como los hay hoy. Apenas podía caminar como "*zombi*", con doses de efedrina. Money sugirió que yo me apoyase contra una columna de marfil en el patio interior, mientras él, entró libre e hidalgamente, a la oficina del Director y señalándome, le dijo al Director:

Oye, cholo, este de afuera ha sufrido un ataque, necesitamos sus carnets, de una vez-

El Director, detrás de su escritorio del siglo XVIII, echó una mirada hacia mí, pensando tal vez que iba a sufrir un infarto, levantó su teléfono antiguo e instó que un oficial venga a facilitarnos los documentos de inmediato. Dentro de un par de horas teníamos los carnets, con fotos, sellados, firmados y después de repetidos apretones de manos, nos encontramos debidamente registrados en el Perú.

Aprendimos un par de lecciones más: la famosa lección que *la vara vale mucho*; y, por otro lado, percibimos el enorme poder de la jerarquía que Dr. Money y otros de su generación misionera manejaban en ese entonces, por haber sido profesores en el *Colegio San Andrés*[49], que en aquel entonces era la cuna de muchos de la élite de la nueva generación de liderazgo "liberal" en el Perú. Claro, en el apuro de registrarnos ¡me quedé con 5 centímetros más de estatura, mis ojos azules registrados como "verdes" y mi

---

[49] El Colegio auspiciado por la Free Church of Scotland y con Juan A. Mackay como profesor, luego catedrático del Seminario Princeton

apellido cambió de McIntosh a "Makintosch"! Nunca osé cambiar las cosas en treinta años.

Sin embargo, esa experiencia dejó secuelas en mí. Noté que no hubo intento de utilizar esos lazos de amistad y de compromisos de parte de los misioneros evangélicos para llevar este estrato de la sociedad a Cristo. Noté que la soberbia de unos líderes misioneros era común y corriente. Una vez al necesitar un pasaje aéreo en Faucett de urgencia, el Sr. Richard Trout, por un tiempo administrador del CONEP, entró en la oficina de Faucett en la plaza San Martín, fue directamente a una oficina adentro, abrió un escritorio, sacó unos boletos nuevos, y dejando los dólares en el cajón, rellenó y selló el boleto con mis datos, comentando que la administradora era una amiga conocida.

Con nuestra documentación completa, nos preparamos para viajar a Tarapoto, por la Cía. Aérea, Faucett. Los vuelos al interior salían temprano, por la necesidad de regresar a Lima en la noche, dado que las otras pistas de aterrizaje en el país no tenían luces. Al vivir en el departamento en Miraflores y con una salida de vuelo a las seis de la mañana, teníamos que salir a las 4.30am en taxi, dejando el departmento todo limpio para las siguientes visitas. Apenas dormimos dos horas y Juanita era magnífica en organizar la ropa, la limpieza, las maletas, la alimentación de los bebés. Seguía yo sus instrucciones y me encargué del quehacer de los pasajes, el taxi, el subir y bajar con todas las cosas a la calle, etc. En total viajamos con 120 kilos de equipaje, más el coche de bebé, y los dos menores niños. Tratamos de salir con absoluto silencio porque los esposos Aldama[50]

---

[50] Se menciona algo de él en mi trabajo de *Las Memorias de*

tenían un departamento al lado del ascensor. Eran jubilados, un sacerdote vasco convertido y su esposa Kitty, una irlandesa entusiasta. Figuraban en los primeros años de la Iglesia Evangélica en *Mandamientos*[51]. Nunca tuve la oportunidad de hablar con él y registrar su historia. Tengo la sospecha que hubo peleas entre él y Federico Muñoz[52] y otros de esa época dura de ser evangélico en las primeras cinco décadas del siglo XX.

La Cía. Faucett tenía una trayectoria larga y reconocida en el Perú. En la era antes del turismo a la Amazonía, los pasajeros y la Cía. eran como una gran familia. El vuelo a Tarapoto se hacía con escalas en Chiclayo y Moyobamba o por Trujillo y Rioja, y luego pasaba a Yurimaguas y a Iquitos. Las

Money ISBN: 1-871609-04-6, tres tomos, Mac Research, 1988
[51] Véase la historia de esa iglesia en Money, una de las primeras iglesias evangélicas en el Perú
[52] Pastor, evangelista e hijo de uno de los primeros convertidos al Evangelio en el Perú

pioneras de la MPI, Annie Soper y Rhoda Gould[53] habían llegado en seis semanas de Lima a Moyobamba por barco a Trujillo, a lomo de bestia por Cajamarca, Celendín, Chachapoyas y por la cordillera de *Huaman Huasi* a Moyobamba en 1921. Nosotros llegamos en seis horas. El avión era un DC4, sin cabina altimática, y sufrimos de dolor de oídos al bajar súbitamente y con los tubos de jebe soplando oxígeno en nuestras caras y las de los bebés. Al despegar de Trujillo el avión tenía que dar varias vueltas sobre la costa, afín de ganar altura para pasar la *Cordillera negra* y la *Cordillera blanca*. Al aterrizar en Rioja hubo cierta duda de proseguir con el viaje hacia Tarapoto por motivos de la lluvia. En esa época los aviones no podían volar sobre las tormentas, ni las pistas eran afirmadas. Resultaba que, en mal tiempo,

---

[53] Su historia en *"Dawn Beyond the Andes"* y *"Albores de la Montaña"* y en los archivos del RBMU en New College, Edimburgo

había mucha postergación de vuelos y uno se acostumbraba a ir a los pequeños aeropuertos y esperar horas o días para un vuelo. Después de un par de horas en Rioja se escamparon las lluvias y despegamos para volar hacia Tarapoto. Pasamos por encima de Lamas[54], un cerro peludo, amarillento, con plaza y casas de palmas y de tejas. A la derecha se veía el río Mayo como serpentina entre los bosques y caseríos, Tabalosos, San Miguel, Cuñumbuque. El avión, después de dar una vuelta sobre el río Huallaga, entró por abajo entre neblina al campo de cascajo, Tarapoto.

Al abrir el portón del avión, ¡el calor nos dio una bofetada! Habíamos viajado bien abrigados por la templada costa y para no empacar en maleta nuestra, la ropa gruesa.

---

[54] Lamas- véase p34 M.Litt., tesis mía en cuanto a su etimología y fundación en 1656

No hubo control alguno y la gente, los pasajeros, los mecánicos, los bidones de gasolina para recargar el avión, se mezclaban con gente fumando, sacos de pavos, todo un bendito desorden.

Nos abrazó don Ole Sorell[55], el director de la Misión y también don Gricerio Flores Flores[56], un líder de las iglesias evangélicas de la zona. Encontramos nuestro equipaje entre el montón de bultos al lado del avión, y de alguna manera pusimos todo en el "Jeep", la camioneta azul de la Misión. Como no había

---

[55] Ole y Vera Sorell, de *la Misión del Perú Interior*
[56] De Morales, San Martín

ruta terrestre a otras partes del Perú y muy pocas carreteras en la zona no había mucho tránsito. Las motos y moto-taxis no habían llegado todavía a la Montaña[57]. La mayoría de la gente se movía a pie o a mula o caballo.

Llegamos a la casa de tapial, la Misión[58], histórica en sí, construida en la década de los treinta, con portones grandes para dejar pasar las mulas; con ventanas sin vidrio y con rejas a la calle; cuartos de salida al patio con techos altos; la cocina al aire libre con estufas a kerosene y a leña; una refrigeradora a kerosene; agua fría de pila; y un "*wáter*" al fondo del jardín; el jardín con su parral, árboles de coco y de papaya. Nuestro dormitorio tenía catres para los niños y para nosotros con mosquiteros, una mesita y una cuerda para colgar la ropa.

---

[57] Don Federico Webb, de la MPI, era el primero en introducir una moto en la región en la década de los sesenta
[58] En la esquina de San Martín y Moray

Don Ole Sorell y la Sra. Vera indicaron que ellos iban a salir de vacaciones y nosotros y el joven David Moffett[59] iban a cuidar la casa con una empleada Martha y un chico de doce años de ayuda general, cuando no estaba en la escuela. Íbamos llevar a cabo varias reuniones en las iglesias alrededor. Recuerdo que en la primera madrugada allí, a eso de las cuatro de la mañana, oímos a la gente en la calle, bajando al mercado para hacer compras de carne, antes del calor del día.

—*¿Qué idioma están hablando?* —le pregunté a Juanita.

El *"dejo"* (acento) de los sanmartinenses era completamente distinto al de la gente de Lima o a los de la sierra de Bolivia. "Cantaban" y sus "ll" se pronunciaban como la "ll" en portugués[60]. De poco a poco entramos en ese

---

[59] Norte-americano
[60] Es posible que hubo influencia de movimientos poblacionales en la selva en el siglo XVII-XVIII

hermoso dialecto y afinamos nuestros oídos y, en los años venideros, en otras partes, podíamos identificar a ¡quienes eran "*charapitos*"!

Nuestro éxito en cuidar la casa no resultó muy bueno y mis excursiones a predicar en la noche en la *Banda de Shilcayo*[61] con David, resultaron en la destrucción de la lámpara *Petromax* por descuido y golpes contra las rocas en la quebrada. Como nuestros hijitos estaban con fiebre, se decidió que ellos y Juanita viajarían a Lamas, siendo más fresco el clima y con la atención médica del hospital evangélico. Contratamos un camión, la forma

---

[61] Un barrio de Tarapoto

común de transporte en la zona, para llevarlos a Lamas. A duras penas llegaron porque el río Cumbaza en Morales estaba crecido[62] y el camión luchaba por pasar, con el agua hasta las puertas de la caseta. Luego el barro gredoso arriba de Rumisapa[63] causaba dificultades en las últimas subidas. Era pan de cada día para los de la zona y de pronto nos acostumbramos a las dificultades de tránsito.

---

[62] . La *Cía. Morrison Knutsen,* contratada por el gobierno peruano, recién estaban abriendo, la trocha de la *carretera "la Marginal"* entre Tarapoto y Tabalosos.
[63] Lit. *un lugar de muchas piedras* en Quechua

Después de un tiempo de nuevo en Tarapoto, llegó el día en junio de 1966

de volar en un *Cessna 180* desde Tarapoto a San José de Sisa, un vuelo de media hora, pero una caminata de dos o más días por *el monte alto.* Todo nuestro equipaje y nosotros teníamos que pasar por el balance para calcular el peso total del vuelo. Íbamos a descubrir que este esfuerzo correcto no siempre se hacía y el piloto Otto Frisch y otros "tanteaban" con sus cargas de gente, calaminas, sacos de arena, gallinas, cemento, kerosene, etc. No había asientos y uno se balanceaba sobre sacos o baúles. Noté que Otto llevaba una pistola para asustar a los caballos pasteando en el campo de aterrizaje[64] al lado del río Sisa.

---

[64] Se cambió la pista al otro lado del río en los setenta

Volamos a unos metros por encima de los
árboles frondosos de la selva peruana sobre el
cerro de *Ampi Urcu,* llamado así porque antes
era lugar de cosechar el *ampi* (*curare*) por las
comunidades nativas y luego como pequeña
industria de unos "*mistis*" del valle Sisa, con
ventas a los EEUU. Pasamos por Santa
Rosilla en las afueras de San José,

sobrevolamos el río Sisa y aterrizamos en saltos y golpes en el campo de pasto.

La Srta. "Miss" Greis (Forgrave)[65] nos estaba esperando con un grupo de unos veinte quechuistas, jóvenes, señoritas y adultos. Podía saludarles en quechua del dialecto de San Martín - *Allillachu cangui* - pero la mayoría tenía más interés en ver y tocar a nuestros *"pacuchitos"*[66] Alison y John, los primeros bebes blancos en la zona. Con gran gozo y bulla la gente llevó nuestros bultos con sus *"pretinas"*[67] en su frente y en sus espaldas. Hubo también el asunto de *"chimbar"*[68] el río Sisa en canoa. Demoramos en llegar a nuestra casita en *"La Banda"* cruzando otra quebrada[69] en piedras colocadas. Notamos que nuestro equipaje no

---

[65] Norteamericana
[66] Personas con cabello rubio
[67] Una soga plana de 10cms de anchura, tejida de algodón
[68] cruzar
[69] *Pishhuayo*

nos seguía pero resultó que los hermanos quechua cruzaron el río Sisa abajo a pie, el agua hasta sus pechos con el equipo nuestro en la cabeza.

Yo estaba deseoso de compartir mi poco conocimiento del idioma y les hice sentar en la casa para enseñarles un coro en quechua:

—*Cushicuy cani ñuca shunguynipi… Cristo salvawashcanraycu"* (*Tengo gozo en mi corazón,,, porque Cristo me salvó*).

Me sorprendieron cómo rápidamente cogieron las palabras y el tono y me di cuenta cuan importante era la música en su cultura. Sin embargo, un par de años después, dos de ellos que llegaron a ser amigos de confianza y líderes en la iglesia, me contaron:
—*Wauki Mak[70], pensamos que tu eras un loquito.*

—*¿Por qué?*

—*Ya sabes…*

—*De verazmente* —contesté.

Nadie en el mundo quechua allí hablaba cosa seria en los primeros momentos. Había que hablar de las chacras, los animales, de mil otras cosas; y *chaymanta* (después todavía), casi al salir por la puerta, uno conversaba cosas de importancia.

—*Chashña wau'* (A*sí es*) —me contestaron.

—*Chashñallán* (*así es, no más*) —dije yo.

Fue una época de oración y aprendizaje intenso. No solamente de cómo vivir sencillamente en un solo cuarto, al lado un tambo, techado de palma, para cocina, y el cuidado de los bebés sino también de asimilar mil y un cosas de idioma, religión y cultura en general. Al principio dormimos en catres

---

[70] *Brother, Mac..*

de campamento, Juanita y yo en dos, Alison en uno pequeño a nuestro lado y John, bebé de seis meses, en nuestro coche de bebé *Marmot*[71]. Pocos días después encontramos una rata entrando por la reja en la puerta y corriendo en el coche de John. Lo matamos y cerramos las rejas con tela. El alimento sólido para Johncito, lo preparamos con plátano verde cortado en trozos, secándolo al sol en una plancha de calamina y luego moliéndolo como una harina en nuestro molino a mano para café. ¡Se alimentó y creció bien!

La cocina de leña era estilo "*tullpa*" o sea una plataforma de barro y caña brava con dos murallitos y una plancha de lata bidón, con huecos para sostener nuestra olla a presión, ollas de barro, tetera y un horno de latón. Se

---

[71] El *Marmot Pram* - una famosa marca británica de coche plegable

cocinaba a leña que se vendía, de casa en casa, traída en hombro desde el monte. Pronto distinguimos los mejores tipo de leña, la de poco humo y la que ardía bien, otra para carbón, mejor para la plancha, etc. El agua venía de la quebrada abajo, traída en la cabeza por chicas. Muy pronto nuestra hija Alison aprendía a llevar una pequeña ollita (*tinaja*) en la cabeza. La gente quería obsequiarnos toda clase de animales silvestres: loros, monos[72] y zorrillos, y traernos *"carne del monte[73]"* venado, carachupa[74], sacha vaca[75], majás, ¡hasta el ave shansho[76] comimos!

---

[72] *pinchicitos*
[73] *Sacha aicha - animales cazadas, y secados por ahumarlos y sal*
[74] armadillo
[75] tapir
[76] Oistphocomus hoazin - su carne muy dura aun cocinada a presión

En todo esto había el afán de enseñar y predicar a Cristo por medio de estudiar el idioma y participar en la vida de la cominidad.

Comenzamos a hacer un diccionario quechua, ayudar en la ampliación del templo con los hermanos y llegar a entender toda la tecnología de edificar en tapial o de palma - el uso de *tablas, tacanear*[77], y hacer

[77] Afirmar con palo

armazones para techos, *mantallas, soleras, sobre soleras, calamina,* y en la construcción de casas de palma como tejer *"criznejas*[78]y finalmente *cumbreras*[79]. Cuando toda la comunidad se involucraba en estas faenas, don Víctor Cenepo[80] o yo hablábamos de las cosas de Dios alrededor de las ollas y la comida común.

En esta crónica no hay espacio suficiente para recordar todo lo que pasaba en esos días[81].

---

[78] Planchas de hojas de *poloponte* y *chambira*, etc.,

[79] La más alta parte del techo de palma

[80] Pastor y evangelista Quechua de la zona Sisa

[81] Hay muchos más detalles en nuestros archivos en NLS/BNE y en otras partes

Hubo tiempos de dificultad. Juanita sufrió un aborto, cuando yo estaba en una gira por los caseríos en el valle abajo. Su curación fue llevada a cabo por un médico de Sisa, borracho, y a la luz de velas. Sufrimos hinchazón de piernas por las picaduras y del barro. La comida fue algo monótona: arroz, fideos y plátanos todos los días. Siempre hubo muertos en el valle por enfermedades: por mordidos de víboras; por aplasto en la *cuchuna*[82] al hacer chacras; quemaduras; postemas; ahogados; Don Víctor[83] vio a su hijo, Foster, morir en sus brazos, asfixiado durante una pesca del río, cuando el pez, *bujurqui,* que Foster había agarrado y guardaba en la boca al arreglar su línea, entró en su garganta y no podían sacarlo por las espinas en sus aletas.

---

[82] Derribando selva virgen con hachas
[83] Victor Cenepo, gran evangelista quechua y pastor de la zona

Aprendimos también sobre las luchas espirituales. El brujo, don Rufino Tuanama, se convirtió al Evangelio pero comenzaba a perder peso y tener insomnio. Sufría ataques físicos en su casa con las ollas de barro levantándose y volando sin sentido; pasamos mucho tiempo orando por él y ahuyentando al diablo. Don Pedro Satalaya, otro brujo, quiso embrujar (*ñacar*) a mí y a don Víctor, prometiendo matarnos de noche. Pasamos la noche en vigilia, con unos hermanos, y en la madrugada se incendió la casa misma de don Pedro ¡al "*chamuscar*[84]" un cerdo! Luego los hermanos reconstruyeron la casa para él, y él "*entró en el Evangelio*"[85].

Aprendí a montar un caballo, enalbardarlo y caminar por las montes en él. Nuestro caballo se llamaba "*Brashico*" por su color[86].

---

[84] Quitar el pelo por fuego
[85] Esta frase por los quechua era sinónimo de *convertirse* en castellano

Brashico era inútil, con cascos planos que resbalaban en las bajadas pendientes en la selva alta; era "*pajarero*", es decir, brincaba con susto, echándome por su cabeza; era "*volverillo*", o sea salía de nuestro pasto a su casa original a unas tres horas distancia; y por fin adelgazaba teniendo *haba* en la boca que no le permitía comer debidamente. Por fin lo vendí y conseguí una moto Honda de 50cc. No resultó tampoco y "se ahogó" en una *llocllada*[87] y desde allí volví a caminar a pie en el valle.

En más de una oportunidad fuimos nombrados "*padrinos*" para matrimonios quechua cristianos. Ser *padrino* constaba en comprar pantalones nuevos para el esposo, proveer una torta y estar presente en los hechos. La costumbre fue que el joven había

---

[86] Lit. *el brasilero*, Los de San Martín consideraban a los de Brasil, "negros"

[87] Violento creciente de quebrada

"*robado*" a la chica y parte del rol del padrino era "*hacerles aparecer*" delante de sus padres. En aquel entonces algunos de los grupos con apellidos distintos quechua, que provenían del sistema de *reducciones* en el siglo XVII por los jesuitas, rehusaban casarse entre sí[88]. Al llegar el Evangelio los grupos comenzaron a tener vínculos más estrechos entre sí y tuvimos el privilegio de ser *padrinos* entre una familia *Amasifuén*[89] y una *Tuanama*[90], una de Huaja y la otra de Chumbaquihui[91]. A pesar de este cambio cultural, los abuelos no se hablaban en la boda. También aprendimos qué hacer en cuanto al castigo por látigo[92] en "*el consejo*"

---

[88] En Lamas antes había caminos distintos para distintos apellidos quechua a las chacras para evitar peleas

[89] Mencionado como tribu aparte en 1789

[90] Origen etimológico desconocido

[91] Caseríos en el valle Sisa - Chumbaquihui lit. *cinta torcida*, tal vez con referencia al curso de la quebrada

[92] Los padres tenían la posibilidad de mandar castigar con látigo al novio y a todos sus hermanos a la vez - ¡pecado mutuo y culpabilidad mutua!

después del matrimonio, con la pareja arrodillada delante de nosotros.[93]

Al trabajar en las chacras y faenas quechua aprendí la importancia de la relación entre espacio/tiempo y tierra/alma, y soy deudor a muchos hermanos que me aconsejaban en el camino, en esas faenas agrícolas, y en el proceso[94] de hacer chacras en la selva alta. También aprendimos el concepto de *la reciprocidad*.[95] La gente prestaba sus servicios gratuitamente a otros con la seguridad que otro día podrían contar con la ayuda de ellos. Este concepto[96] trajo serios problemas para comprender el Evangelio del don gratuito de Dios, la salvación. No es que nosotros podamos hacer algo a cambio por la

---

[93] Una buena oportunidad de hablar de las cosas de Dios
[94] *rosar, cuchuna, quemar, horquetear, sembrar, picachear*, etc
[95] *El ayni* en la sierra
[96] El concepto figuraba en la Sierra como " el *Ayni*". En la selva el pedido comenzaba "*pati ganihuanguiman...*" lit. "*Tal vez, tú me puedes ganar por mi...*"

ayuda de Dios, es por la gracia sola que somos salvos, es un don gratuito[97].

Un día en el camino de herradura por el monte, con el evangelista don Víctor Cenepo, me comentaba sobre los árboles y la vida cristiana:

—Este *"Lupuna" tiene barriga grande de agua pero su madera no sirve. Se pudre muy rápido, íden muchos creyentes… No puedes acercarte al "Uchu Mullaca" por sus espinas, íden muchos incrédulos, pero cuando se quita las espinas, su shungu (corazón) es bueno para muchas cosas - Aquella "Tangarana" tiene su madre: si le golpeas con hacha, sale su madre (las hormigas) y le hacen perjuicio – así es si tratas de fastidiar a Dios, su Espíritu te va a molestar. No toda "Muena[98]" es igual;*

---

[97] Efesios Cap.2 versículos 4-10
[98] Caoba

algunos son "quihuidus[99]"; otro es "asnac muena[100]"; pero algunos son "canela muena[101]" - así son los creyentes, por fuera parecen lo mismo pero por dentro son distintos.

Me di cuenta que había una teología parabólica que valdría la pena cultivar para el mundo andino/amazónico, de la misma forma en que Jesús usaba las parábolas en su cultura y tiempo.

En esta época el ILV/SIL estaba trabajando en la traducción del Nuevo Testamento al quechua de San Martín. Tuve el privilegio de acompañar este proceso como observador/participante. El dialecto en sí, según mis investigaciones[102] , provenía de intentos de los jesuitas y otros de imponer un idioma común entre las comunidades nativas

---

[99] Torcidos
[100] Olor que apesta
[101] Olor a canela
[102] En la tesis mía de maestría *"Non-Spanish Place-names in the Province of Lamas, Peru"* Univ. St. Andrews, 1971

integradas en sus *"reducciones"*, como en *El triunfo de la Santa Cruz de los Motilones y Lamas*[103] o *El Triunfo del la Santa Cruz de los Yuris y Omaguas*[104]. La relación entre este dialecto y el de la sierra central de Ecuador era sumamente aleccionadora, dando evidencia del uso de laicos de esa región que era, en aquel entonces, el camino de Quito por los ríos[105].

Hubo intentos por la Srta. Edith Vinal[106] del la Misión MPI en la década de los cuarenta de traducir y publicar unas pancartas con textos en el dialecto. Cuando se casó ella con un quechuista, provocó un escándalo enorme a llegar a ser la Sra. Edith de Tuanama. Don Manuel Tuanama murió muy pronto después,

---

[103] Ahora la ciudad de Lamas
[104] Ahora Yurimaguas
[105] Ríos como, Santiago, Marañón, Cahuapanas, Sillay y Paranapura. No hay evidencia que los Incas bajaron el río Mayo de Moyobamba a establecerse en la zona Lamas a pesar de la evidencia de la presencia de Ancohuallo en la zona
[106] Inglesa

de tuberculosis, y la Sra. Edith regresó a Inglaterra a jubilarse en el año de nuestra llegada. Luego la Srta. Marinell Park, miembro de la RBMU de los EEUU en la década de los 50, mostró interés en continuar la obra, pero los de la MPI no le daba apoyo alguno, diciendo que era una pérdida de tiempo y que de pronto todos los indios iban a hablar castellano y dejar sus costumbres y vestidos típicos. Por lo tanto se retiró ella también de la MPI y se hizo miembro del ILV/SIL.

El proceso de la traducción era sumamente lento por varios motivos, incluyendo el cambio en los procesos de traducción de la ILV. Uno de los cambios fue el de mover sus lingüistas del campo hasta a la base en Yarinacocha[107], y llevar a los "ayudantes[108]"

---

[107] Cerca de Pucallpa, Perú
[108] La palabra en inglés "helpers" o "informants" ¡cuando en realidad ellos eran los vernaculares!

de las comunidades hasta allí. Como resultado se provocó cierta descontextualización en ambos. Hubo cambios en los conceptos de traducción de la equivalencia tipo *"formal"* al tipo *"dinámico"*. Había debates sobre cómo parafrasear. Por años el ILV, las Sociedades Bíblicas y los gobiernos de turno discutían sobre una ortografía quechua. Existía el problema de una distinción entre una manera de leer el texto formal y el hablar del texto (p.ej. *ñucapish/ñucash* o *ñucanisapa/ñucanisá*[109]. Por otro lado, Marinell tenía una salud precaria.

Por mi parte traté de dar "un espaldarazo" al proceso a sabiendas que el mundo quechua y el mundo del San Martín estaban en la cuspe de cambios dramáticos e ireversibles en los años venideros. Escribí en varias

---

[109] *"yo también, nosotros (exclusivo) también"*

oportunidades a los jefes de la ILV/SIL haciéndoles recordar la necesidad de transferencia de conocimientos y de liderazgo a personas nacionales.

Finalmente en 1992 tuvimos el gozo de participar en el programa de la presentación del Nuevo Testamento Quechua de San Martín en Tarapoto juntamente con Marinell Park, Artidoro Tuanama[110], Víctor Cenepo y muchos otros involucrados en el proceso y con la participación de conjuntos musicales cristianos quechua de la zona.

Sería injusto no resaltar los ministerios de las misioneras de la RBMU, las Srtas. Grace Forgrave de Rudyard, Michigan, EEUU; Eleanor Wohlfarth, enfermera/obstetriz, de Peckham Londres, Inglaterra y Winifred Short de Jump, Yorkshire, Inglaterra, quienes pasaron años en el valle Sisa, evangelizando, curando, llevando a cabo escuelas vacacionales de la Biblia, etc. en los años '40 -'80.

---

[110] Santa Cruz, Valle Sisa

La llegada de una "carretera", entre comillas, a Sisa en 1968 fue una novedad. La ruta de penetración fue de la nueva *Marginal,* entrando por Tingo de Sapo a San Pablo, luego por los caseríos de Santa Rosa y Santa Marta y pasando por nuestra puerta en Sisa. Era transitable solamente en el seco porque no era afirmada, ni con cascajo siquiera[111]. Al principio no había puentes en las "rarcas"[112].

Entré y salí en varias oportunidades en el camión de los Reátegui, los terratenientes del

---

[111] Parte del atraso en afirmar se debía a que ¡el tractor le pertenecía al partido político de *Acción Popular* y el volquete al partido político *APRA*!

[112] Riachuelos normalmente secos en "verano"

área. El viejo José, poco antes de mi tiempo, tuvo relaciones sexuales con muchas quechuistas, a cambio de olvidar sus deudas de cosechas de maíz y de algodón; y mataba a otros a su gusto con escopeta por asunto de tierras.

El viaje de Sisa a Tarapoto por tierra a veces demoraba días, con el camión empantanado o esperando que mermase el río Sisa en San Pablo. Yo, con el Land Rover de la Misión pasé una vez el río en "balsa", nosotros empujándola y nadando de orilla a orilla. A veces, cuando estaba embarrado y cavando con pala, con gata y troncos del monte, recordaba las palabras del manual-de-uso ¡*en el campo de pruebas nuestras, el LR nunca se detuvo*! Aprendí de paso cómo desmantelar cada parte de la máquina, crucetas, bielas, bombillas, fajas….

Cuando llegó el tiempo de ir a la Conferencia Anual[113] de la Misión en Lamas, salimos como familia con el camión del pueblo. Llegamos abajo hasta casi San Pablo cuando la lluvia nos pescó. Llovía a cántaros. Se atajó nuestro camión con su carga de cajas de cerveza vacías. Encontramos en el monte un tambito para guardar animales y nos escondimos adentro con los niños. Entró el camión en el vado del río y se atascó, con el río al nivel de las puertas. Juanita y los chicos no podían salir y esperaron apresados, hasta que el tractor *Caterpillar* del pueblo empujó el camión, como si fuese un juguete, al otro lado. En las subidas barrosas, cuando el empujar de nosotros no era sufriente, utilizamos una soga larga anclada arriba en un árbol del monte y enroscamos la soga por las ruedas traseras del camión.

---

[113] Dic. de 1966

Llegamos a Tarapoto en dos días, yo con camisa rota por la *uña de gato* que colgaba al lado de la trocha, dando de latigazos a los que viajábamos atrás.

En verdad era más rápido ir caminando, por el monte. Salimos de Sisa, a primera luz, pasando por Santa Rosilla y entrando a selva virgen, subiendo lentamente a una chacra abandonada llamada Sapote. De allí, la subida era más aguda, llamada "*la escalera*", en el cerro de Ampi Urcu. Luego en el descanso a medio día, al lado de un riachuelo,

Chiriyacu[114], comíamos nuestro "*fiambre*" de plátano y *sacha aicha* y tal vez *chichita* llevada en un *huingu*[115] acorchado con corona de maíz. De allí seguimos entre selva alta a Cachiyacu[116], a Lejía y de allí comenzaba tres horas de bajada a la banda de San Miguel del Mayo. Se podía correr en la bajada aunque dolían más las rodillas en la bajada que en la subida. Era importante llegar antes del puesto del sol, porque el canoero no quería hacernos cruzar el río Mayo de noche.

Los accidentes de tránsito eran la norma en la selva, no la excepción. El misionero David Moffett, en un viaje de Tarapoto a Bellavista en camioneta, fue arrojado al río Huallaga con los otros transeúntes. Apareció luego en la casa de la Misión en Tarapoto como ratón

---

[114] Quechua "A*gua fría*" .Los nombres topográficos quechua señalando el tipo de agua ayudaban a comunidades nativas a orientarse en la selva alta
[115] Calabaza
[116] "*Agua salada*"

ahogado, pero su mayor preocupación fue la pérdida de la carne de chancho comprado en el mercado de Tarapoto y destinada para la casa y ¡cómo explicarlo a su querida esposa Joyce!

Nuestra primera conferencia de la Misión se llevó a cabo en inglés. Los líderes de la *Asociación de Iglesias Evangélicas de San Martín, AIENOP,* solamente llegaron una tarde durante los cinco días, para ser informados de los planes para la obra del año venidero. Mientras estuve participando allí en Lamas tuvé la responsabilidad de instalar un generador, *Lister 42KV,* para el hospital y las otras casas de la misión. Es interesante cómo Dios prepara a uno, aun antes de nuestra relación personal con El, y cómo las habilidades de la vida llamada "secular" pueden ser usadas para la gloria de Dios[117].

---

[117] Había sido mecánico en las Fuerzas Aéreas del Reino Unido

Quizás el acuerdo más sobresaliente de la reunión fue la reducción de años de servicio de cinco a cuatro años en el exterior. Algunas de las misioneras ancianitas lo percibieron como *"una falta de compromiso y espiritualidad"*, haciéndonos recordar que durante la época de la Segunda Guerra Mundial, ellas pasaron hasta ¡once años antes de regresar a Inglaterra!

Al mismo tiempo se llevaron a cabo las primeras reuniones de EVAF[118] en la región, parte del programa nacional. Este había sido postergado un año por motivos de desacuerdos entre los líderes del CONEP[119], por motivos de sospechas de las posiciones del movimiento vis-a-vis el ecumenismo y la

---

-1955-57, donde me convertí al Evangelio

[118] *Evangelismo a Fondo*, programa de la evangelización evangélica de América Latina

[119] *Concilio Nacional Evangélico del Perú* (CONEP) fundado en 1940

presencia de personas integrantes del equipo internacional, como metodistas y miembros del CMI[120]. Durante ese año, hubo varias visitas de pastores de otros países y estos dieron un nuevo abrir de ojos a los pastores locales en cuanto a la universalidad del Evangelio. Aprendimos nuevos coros, incluyendo *"El Perú será para Cristo, si unidos luchamos por El…"* El repartir de un *libro guía* con el programa del año fue de enorme beneficio en la planificación de eventos: un mes de oración; un mes de capacitación de miembros; dos meses de visitación; un mes de campañas locales; luego campañas evangelística regionales, y finalmente una marcha[121] y una campaña nacional. Asistieron en Lamas unos 35 pastores y misioneros de la zona en una

---

[120] *Consejo Mundial de Iglesias* fundado en 1948 en Ámsterdam
[121] En la marcha en Lima, Don Félix Calle, presidente del CONEP, tuvo que ofrecerse como garantor de orden

capacitación para la región y luego hubo una semana de *reunión de jóvenes* para la capacitación para el año.

Regresamos a Sisa y comenzamos a llevar a cabo el programa durante el año. Hubo mucho entusiasmo entre los nuevos convertidos quechua. Con ellos pasamos mucho tiempo en el año orando y visitando los otros pueblitos y caseríos, viendo a personas llegando a ser creyentes y ser bautizados en los ríos. Hubo mucho gozo y mi propia fe creció. En una oportunidad iba a salir con dos hermanos quechua a caminar las tres horas en la lluvia a Santa Marta. Les dije:

No vale la pena ir porque no hemos de cruzar Pumararca, ni la quebrada de Tallaquihui por el creciente provocado por las intensas lluvias. -

Los hermanos contestaron:

Si Moisés podía partir el Mar Rojo, ¡Dios puede ver por esas quebradas!

Y así fue.

Durante este tiempo, la visitación a "la Calle", la sede de los *mistis*, dueños y profesionales en San José de Sisa, estuvo a cargo de los quechuistas campesinos. Al llegar a la casa del dentista, les recibió con desdén y dijo,

Soy profesional católico... Sé todo en cuanto a la Biblia y la religión, y entonces ¿qué me pueden decir Vds. ignorantes?

Respondió uno de ellos:

Así es, doctor, pero si tú conoces tanto de la Biblia, ¿por qué no vienes al templo a enseñarnos más de la Biblia, porque tenemos hambre de la Palabra?

El concepto de que los bebés *"nacían para morir no más"* era muy arraigado. La costumbre era común entonces de llamarles *"criaturas"* y de no darles *"nombre"* hasta la edad de un año. Luego se les reconocían como "cristianos" por medio del *"llanta tipina"*[122], cuando llegaban a ser "*gente con alma*".

Por otro lado, nosotros no éramos médicos, solamente podíamos recetar aspirina y oración por los accidentes en la chacra: aplastados en *"la cuchuna"*[123]; cortes de *"balishu*[124]*"*o de machete; mordeduras de víbora, de tarántula, de huayranga[125] y izula;[126] *"postemas*[127]*"*; *"uta*[128]*"*; o por las fiebres, gripes, y artritis por caminar y trabajar en el barro o el *shullma*[129] de en las lluvias o por el

---

[122] *Corte de cabello* por padrinos y amigos por "suerte"
[123] Corte monte
[124] Tipo de machete con hoja ancha para cultivar (picachear)
[125] Tipo de Avispa
[126] Tipo de Hormiga
[127] Absceso
[128] Leishmaniosis
[129] Rocío

arco-iris. No había médico regular en la zona[130], sino tan solo una posta médica con un sanitario que tenía más interés en molestar a las mujeres que a curar a la gente.

Durante este año los misioneros Ole Sorell y Les Shiel[131] asistieron a una reunión en Medellín, Colombia, auspiciada por Ralph Winter[132] y Pedro Wagner, sobre *Una nueva manera de preparar a pastores por las muchas nuevas iglesias evangélicas.*[133] Este "método" se llamaba TEE/ETE[134]. Yo tenía interés en ello, aunque por el momento tenía otros quehaceres. Juntamente con Marcos Sirag[135] estábamos en la preparación de tres

---

[130] Las Srtas. misioneras/obstetrices de la MPI tuvieron mucho que hacer en esos tiempo s

[131] Canadiense, cuya esposa se llamaba Estela y sus hijos Beth , Joy y Brian de la RBMU/MPI

[132] Ralph Winter iba a salir de Fuller Seminario y comenzar su centro de misiones

[133] Se estimaba 70,000 mil pastores para AL

[134] *Theological Education by Extension, Educación Teológica por Extensión* ETE

[135] Norteamericano

libritos con una reseña de la *Historia de la Iglesia*, la *Doctrina básica* y *Cómo predicar de la Biblia,* para la zona nor-oriente peruana. En esa época uno tenía que picar los esténcils en la máquina de escribir, luego colocarlos en una máquina *Gestetne*r o una antigua a mano, y finalmente confeccionar las copias y engrampar cada ejemplar.

Gozamos en la Misión del derecho a dos semanas de vacaciones al año. Muchos de nuestros colegas salían a la costa, pero nosotros, en 1967, decidimos ir a la sierra, a Chachapoyas, a averiguar cómo estaba progresando la obra del Evangelio allí. Como familia, volamos en un DC3 de Faucett desde Tarapoto, pero no podíamos llegar por mal tiempo y tuvimos que pernoctar en Rioja. El pastor nacional de la *Iglesia Libre de Escocia* nos albergó con mucho sacrificio y el siguiente día llegamos a la casona abandonada de la Misión de la *Free Church*[136] en Chachapoyas, al lado de la Plaza de Armas. Había un guardián, un tal Lázaro, que quería apoderarse de la propiedad, la Iglesia Presbiteriana habiendo casi fenecida en la zona. Los salones eran polvorientos y batimos el record de la matanza de pulgas en los catres en las noches. ¡Las ahogamos en una lata usada de atún! Durante estos días fuimos abajo, de paseo, por el valle del Utcubamba, hasta un enorme *huayco* que había bloqueado la ruta a Bagua, creando una laguna. También recibimos de visita al pastor Alejo Quijada[137] como parte del equipo visitante de EVAF y pastor David Landa[138] de Leymebamba, cuyo hijo Dr. Apólos Landa íbamos encontrar luego en Lima cuando

---

[136] Misión de *la Iglesia Libre de Escocia*
[137] Líder en la IEP de la costa y dirigente del EVAF
[138] David Enrique Landa Lopez. Se convirtió a través de los cuidados de una enfermera Srta. MacLeod que llegó a ser la esposa del Dr. Kenneth MacKay dela Clínica Evangélica en Moyobamba en la década de los treinta

trabajamos en la presentación de su libro sobre el SIDA.

Nos dimos cuenta que toda la zona desde Chachapoyas hasta Rodríguez de Mendoza era un campo abandonado y presto para el Evangelio. Descubrimos la necesidad de una traducción del NT a quechua en la región porque había varios quechua hablantes en el mercado y en el campo y notamos que el dialecto era distinto[139]. Volvimos con ánimo de persuadir a la Misión y las iglesias de la AIENOP de jugar un papel en la evangelización de esa área necesitada del país.

....

---

[139] El ILV se encargó de eso muchos años después

1968 - PRINCIPIO DE CAMBIOS

1968 iba a llegar a ser un año de grandes cambios de toda índole a nivel familiar, misión, Iglesia y país.

PERUANO

LAS FUERZAS DEL ORDEN CONTROLAN EL PAIS.

NO PERMITAS QUE LOS AGITADORES TE ENGAÑEN.

ACUDE A TU TRABAJO.

EL PARO ES ILEGAL.

CUIDA EL SOSTEN DE TU FAMILIA.

PADRE DE FAMILIA

LA HUELGA HA SIDO DECLARADA ILEGAL. NO EXPONGAS TU TRABAJO. LA LEY AUTORIZA EL DESPIDO SI FALTAS TRES DIAS CONSECUTIVOS.

¡RECHAZA AL AGITADOR!

ACUDE A TU TRABAJO.

Hubo cambios en el ámbito nacional. *El golpe militar* del *cinco de octubre de 1968* en el Perú, liderado por Gral. Juan Francisco Alvarado, al principio, tuvo poco impacto en San Martín, La toma de los yacimientos petrolíferos en la Costa, la formación de Pesca Perú, la reforma educacional y el reconocimiento del idioma quechua iban a jugar un papel más preponderante en la Sierra. SINAMOS y el lema *'El gamonal no comerá de tu pobreza',* etc., tuvo poco impacto en la vida de los pequeños agricultores de los valles y los *mistis* seguían falsificando pesos y alzando precios de comodidades como antes. Lamentaban ¡cuán difícil era llevar los *filibotones[140]* y *yanacitas[141]* a la civilización!

Como resultado de nuestro viaje a Chachapoyas, y ahora encomendados por la Misión, Marcos Sirag y yo fuimos en una gira de investigación por la zona de Amazonas por tres semanas. Fuimos en un vuelo de avioneta Cessna al campo de aterrizaje de Rodríguez de Mendoza. La pista estaba en condiciones pobres y al aterrizar ¡perdimos la puerta pasajera por los golpes! Después de instalarnos en un hostal rudimentario comenzamos a averiguar en

---

[140] Los varones quechuas por su vestido típico a botones
[141] Las "negritas"

cuanto a la presencia de evangélicos. No
había, y en los siguientes días fuimos a pie
por los caminos de herradura a pueblitos
como Huambo, Milpuc, y Chirimoto,
encontrando de paso rasgos de la arqueología
que ahora se denomina *la Cultura de los
Cóndores* y vías de piedra incaica. En
Chirimoto recibimos la noticia que el
sacerdote y el pueblo querían apedrearnos, y
por seguridad buscamos nuestra "casera[142]" a
buena hora - el unico refugio contra el publo,
¡la cárceleta de la Guardia Civil!

No había carretera de Mendoza a
Chachapoyas, solamente una trocha en vías
de afirmar. Salimos en un volquete del
pueblo, encima, en la lluvia, con el cura, el
teniente gobernador y el chofer en la caseta.
Dos horas más arriba en la ruta, teníamos
que caminar en el barro para encontrar otro

---

[142] En esos tiempos mucha gente de los caseríos daba
hospedaje gratis a transeúntes

volquete, tipo *Pegaso,* al otro lado, que nos llevó a Molinopampa. Los jefes fueron invitados a la cantina para almorzar, mientras nosotros "*los evangelistas*" nos abrigamos debajo del toldo del camión y comimos nuestro pan y queso. Salimos en un par de horas para Chachapoyas. Luego desde Chachapoyas, visitamos Luya y Lamud y luego viajamos por camión el área de la Jalqueria[143]. Una noche teníamos que dormir en un camión de la ruta, encima de odres de "trago"[144] contrabando, en las afueras del pueblo, ¡para evitar a la policía! Al volver a San Martín, presentamos nuestro informe a la Misión y se decidió enviar a los esposos Hall[145] juntamente con don Delfín Flores F. de Morales, pastor y evangelista, a abrir una obra en Rodríguez de Mendoza[146].

---

[143] Quinjalca, Yambajalca y Olleros

[144] Aguardiente

[145] Los Hall, Colin y Betty habían estado en Cochabamba con nosotros

[146] Más tarde, las Srtas. May Walker, Elaine Webster, los

Durante ese tiempo, yo había mantenido vínculos estrechos con líderes nacionales e internacionales de la obra misionera al mundo quechua y surgió la idea de llamar una consulta sobre ETE/TEE en el Perú. Iba a llevarse a cabo en el *Seminario Evangélico de Lima*, pero hubo un rechazo de parte del Sr. Rolfe[147], el rector, porque Pedro Savage[148], el organizador en Bolivia y miembro de la MAE, era considerado una persona *non grata* en el Perú por conflictos[149] en su tiempo de profesor en esa institución. Decidí, con otros, cambiar la sede a Lamas, un poco aislada por cierto, pero había la necesidad apremiante de introducir el concepto de ETE/TEE al Perú. Al final, llegó don Pedro Wagner mismo,

esposos Stancliffe y Stephens, de la Misión RBMU y la Sra. Kelit Pérez de Fernández de Morales y otros del AMEN iban a continuar la obra

[147] Canadiense

[148] Condiscípulo nuestro de London Bible College en 1979 y misionero con la EUSA, MAE e independiente

[149] Tal vez por ser "progresista"

como remplazante. Justo, a medio de la *Consulta*, a eso de las cuatro de la madrugada, hubo un terremoto del orden de 6.8 grados de *la escala de Richter*. Se desplomaron varias paredes del *Hospital Evangélico* y del *Instituto Bíblico*. Por la gracia de Dios, todos en la *Consulta* salieron ilesos, aunque provocó varios muertos arriba en la ciudad. Había poca comunicación entre Sisa y Lamas, en esos tiempos, y pasaron un par de días antes de que yo pudiera saber si Juanita y los chicos estaban bien. Ellos sufrieron pocos daños en la casa en Sisa.

Sin embargo, como resultado de la *Consulta*, fue decidido implementar un programe de ETE en San Martín. Decidí preparar dos manuales: uno basado en el libro sencillo, pero práctico, de Melvin Hodges, titulado "*Edificaré Mi Iglesia*", con la idea de seguir fomentando el establecimiento de la Iglesia evangélica en toda la zona. El otro fue un estudio programado del libro a los Romanos.

Este terremoto de 1968 marcó un hito en la vida de la MPI[150] porque dio cabida a la pregunta,

¿Hacia dónde vamos?

En la reunión al final del año 1986 de la Misión, presenté una ponencia con título *"Strategic Withdrawal"* (*Retiro Estratégico*) formulando un concepto que era necesario que los evangelistas y "apóstoles" misioneros/as en la misión, buscaran nuevos campos blancos de trabajo, afín de que la Iglesia fundada ya tenga la oportunidad de crecer por sí misma. Algunos de la Misión referirían a este documento como ¡*"Tragic Withdrawal"* (*Retiro trágico*)!. También entre algunos líderes nacionales en la

---

[150] Misión del Perú Interior (RBMU)

AIENOP, al recibir una copia en castellano, emitían frases como:

Aquí está la Misión como nuestro Padre, ¿cómo nos van a abandonar?

y

Huaccha[151] vamos a quedarnos.

Sin embargo, algunos captaron la idea que juntos podemos trabajar en un solo plan de avance y no por el concepto *de cabeza y cola de ratón* como antes.

---

[151] Quechua para la experiencia de soledad y abandono

Nuestro LWB Land Rover, adquirido en Inglaterra por medio de donaciones y ahorros nuestros, llegó al puerto de Callao en octubre de 1968. Don Federico Webb y yo fuimos a recibirlo. Se frustró, por cinco centímetros, el plan de meterlo en un DC4 carguero de Faucett en Chiclayo, aunque habíamos visto otro LR nuevo entrar en el avión. ¡Este no quiso! Decidimos seguir viaje por tierra a Chachapoyas donde don Federico y su esposa Rut iban a comenzar la obra de nuevo en esa ciudad. Ellos, bajo el Espíritu de Dios, habían establecido varias iglesias evangélicas por el río Huallaga antes. Nunca tuvimos uso de nuestro LR, pero hicimos un "trueque" luego por una camioneta Chevrolet, al irnos a la Sierra en 1972.

Juanita estaba encinta de nuevo y hubo un acuerdo en la Misión de que ella debía de salir del valle Sisa y estar en Lamas, porque iba a necesitar una intervención quirúrgica. Por lo tanto yo tendría que salir de Sisa para jugar un papel en el *Instituto Bíblico de Lamas* y seguir en otros afanes de la docencia y del liderazgo también.

En julio de 1968 salimos como familia del Valle Sisa en un vuelo del ILV en su *Helio Courier* piloteado por "Woody" a Tarapoto. Viajamos con nuestro gato, un *choshna*[152], un *darán-daran*[153], veintitrés pollos, los dos hijos, Alison y John, y nuestro equipaje. A duras penas despegamos a los trescientos metros de pista, raspando el monte.

---

[152] Kinkajú
[153] Loro

Iba yo a regresar un mes después a la primera Convención Anual, auspiciada por las iglesias del valle Sisa, y tuve el privilegio de conocer por primera vez a don Félix Calle[154], el predicador de Lima. Más de tres cientas personas fueron albergadas por los creyentes de la zona y hubo diecisiete bautismos.

En agosto de '68, tuvimos el grato placer del nacimiento de nuestra segunda hija, Ruth Elizabeth, nacida *"lamista",* y la última bebé

[154] Miembro y presidente de la IEP y del CONEP en varias oportunidades

gringuita nacida en el hospital evangélico, cuyas puertas cerraron poco después para siempre, y cuyas murallas de dos pisos de tapial volvieron a tierra madre, como resultado del terremoto y la construcción de otros hospitales en la región. Sus "tías" enfermeras me presentaron a mi hija de apenas dos kilitos, mientras que estaba yo debajo el LR ¡cambiando el aceite de motor!

En setiembre, comencé a enseñar en el *Instituto Bíblico de Lamas* con sus diecisiete estudiantes y su director don Vicente Coral, uno de los primeros creyentes de la zona y uno de los primeros estudiantes que viajaban por tierra a la costa para estudiar en Costa Rica[155]. El, un joven borrachito, que había oído el Evangelio, por la voz de Ana Soper hacía muchos años, tenía un perrito blanco llamado "PIM", porque me dijo que ¡era del color de los misioneros de la misión

---

[155] C. 1941

PIM/MPI! También comenzamos una obra en *el Huayco* de Lamas, el bariro de los quechuas, y era un gozo ver esa obra crecer después de tantos años de desatención por la Misión al solamente predicar en castellano y mayormente entre los *mistis*.

Recibí en el mes de noviembre una invitación a formar parte de un equipo internacional para comenzar a escribir los textos programados de ETE para miembros de iglesias e institutos. Este movimiento iba a tener su sede en Cochabamba, Bolivia, en Chile y en Argentina. Me designaron *el texto programado de Génesis y Éxodo* a nivel diploma.

En medio de toda esa turbulencia misiológica (aunque la palabra casi no existía todavía), don Ole Sorell, don Gricerio Flores y otros estaban en el proceso de edificar un nuevo

Centro de estudios en Morales en las afueras de Tarapoto. Nos dimos cuenta que la sede en Lamas ya quedaba marginada por las nuevas rutas de *la Marginal* abiertas desde Yurimaguas a Tarapoto, Juanjui y Moyobamba. Lotizamos la propiedad de la Misión en Lamas, dando preferencia, a precio muy modesto, a creyentes de la zona. La responsabilidad médica de la zona cambió a la del gobierno en sus nuevos planes de Salud. Dr. Greenhalgh y su esposa Eileen regresaron a Inglaterra días después de traer al mundo a nuestra "lamista", Ruth. Sin embargo el trabajo del hospital, que había curado a miles a lo largo de los años, y había preparado un par de generaciones de enfermeras, dio espacio a un caso insólito de una misionera, una galesa, Megan Jones, como "doctora". Ella iba a tener renombre en la zona y luego en Yumbatos en el Cainerachi, por su proeza como doctora/cirujana ¡sin haber estudiado la cirugía en forma oficial! Ella, con su fiel ayudante enfermera y evangelista sin igual, la Srta. Asunción Díaz, sanaba físicamente y espiritualmente a centenares de la región[156]. Su historia increíble se encuentra en otra parte[157].

Al final de año '68 en la reunión de la MPI, el panorama nuestro para '69 se aclaró: enero/febrero Lamas; con *la Conferencia de líderes* para introducir el programe de ETE en la región; marzo-agosto retornar a Cochabamba para *un curso de escritores de libros programados* y ayudar en el establecimiento de ETE en Bolivia; setiembre a noviembre regresar a enseñar en el nuevo

---

[156] Cifras de 1961: 151 intervenciones quirúrgicas de mayor índole, en una mesa de operación de la Primera Guerra Mundial y más de 2,000 consultas

[157] Su biografía "*He healed them, an account of medical missionary work in NE Peru 1947-1993*" por este autor, 41pp ISBN 1-871608-91-7, Macresearch, 2002

Centro en Morales y en enero de '70 regresar a Escocia por un año de licencia. Pero ¡*del dicho al hecho hay mucho trecho*!

Pasé los meses de enero a marzo de 1969 en plena faena de visitar iglesias en la zona del valle Sisa en moto, a caballo y a pie. Publiqué un librito programado titulado, *Cómo dirigir un culto,* para la *Consulta* en marzo, con la presencia de Raimundo Morris[158] de la MAE y cuarenta pastores de las zonas San Martín y Loreto. En medio de todo, Juanita seguía entretejiendo sus ministerios de mamá, esposa, profesora para nuestros hijos, profesora para misionerosas recién llegados, profesora de escuela dominical y dando hospitalidad a muchas visitas. Las *Escuelas vacacionales de la Biblia* jugaban un papel importantísimo en el evangelismo y desarrollo de la obra en San Martín y las

---

[158] Australiano

misioneras[159] y otras personas nacionales estaban involucradas en ellas siempre durante los meses de enero a marzo. Muchos líderes llegaron a los pies de Cristo por este empeño.

....

1969 - DE NUEVO A COCHABAMBA

Nuestro viaje a Cochabamba en marzo tuvo sus momentos de suspenso. Tuvimos que salir corriendo al aeropuerto en Tarapoto, porque el vuelo pasajero no vino por mal tiempo, pero el amigo agente de Faucett ofreció meternos en un DC3 carguero a Chiclayo con conexión a Lima.

---

[159] Entre ellas. la Srta. Ellen Buckle y la Srta. Margarita Hale. Margarita era una de las más renombradas e iba a pasar luego a trabajar en Kawai en la costa con la Unión Bíblica

Despertamos a los niños de la siesta, cogimos las maletas y nos metimos en el avión como sea, con las sillas de lona, rodeados de redes de carga. El vuelo fue muy turbulento y el mozo nos proveía con bolsas ¡transparentes! para vómitos. Luego, en pleno vuelo, sobre la cordillera, se incendió la radio transmisora en la cabina y tuvimos miedo de que explosionaría el avión con el uso de los tubos de oxígeno. Cortaron el oxígeno y comenzaron una bajada estrepitosa a la costa de 4000 metros a cero, al aeropuerto de Chiclayo. Luego, no podíamos creer la diferencia al abordar, por primera vez en nuestras vidas, un avión a chorro, un Boeing 727. Casi no hacía ruido, había luces de cabina y una cabina altimática. Ganó altura como ascensor; había asientos con mesitas y música. Fue ¡como un viaje al cielo! Oímos que a su regreso ¡ese avión fue secuestrado a Cuba!

Estar de nuevo en Cochabamba era como estar en casa, en la cultura, en la amistad, con el clima, en los idiomas y en la espiritualidad. Me dieron una oficina en la misión MAE en la calle Jordán y dos cuartos para nosotros como familia. Uno de los bemoles en el manejo de este lugar era una "ley" que ninguna persoa nacional podía pasar más allá del primer patio. Entre los misioneros residentes había personajes como don Robertito, con más de cincuenta años de servicio; la tesorera, rolliza y sombría, que gruñaba al hablar; y una ama de llaves un tanto extrovertida. Había una biblioteca donde yo devoraba las historias de los primeros misioneros de Bolivia: los Allen de San Pedro; *los hermanos libres* como Dr. Brown y los Rowdon, entre otros.

En el mes de abril, Cochabamba fue conmovida por la muerte del Presidente Barrientos de Bolivia en un "accidente" de helicóptero en el valle. Hubo temor de una sublevación contra el Vice-Presidente Ovando y había soldados y tanquetas en todas las vías. Sus restos fueron velados en la catedral en la plaza. Durante la Pascua los evangélicos tuvieron cierto miedo por *las ricas andas del yaciente Cristo*, porque la gente se arrodillaba delante del ataúd dorado en sus andas y la estatua de la Virgen al pasar. Requería cierta valentía y riesgo el mantenerse parado. Sin embargo, fue una oportunidad de comprar poderosos cohetes y ¡lanzarles, en juego, de una botella desde el techo de la Misión hacia la plaza!

Con el entusiasmo siempre de ir a otras partes, fui con otro pionero de la MAE, Donaldo Gale[160], a la zona de los quechuas de Tarabuco, gente renombrada por sus cascos de cuero y sus pelos trenzados. Cuando estuvimos allí los primeros hombres llegaron a la luna. Cuando oyeron esa noticia los quechuas dijeron,

---

[160] australiano

Mentira, ¿por qué no podemos verlos? y ¿qué van a sembrar allí? Si no hay agua, ¿cómo van a regar las papas?

Aunque me aferré a un régimen de estudiar y trabajar en el libro programado todos los días, tuve la oportunidad de instalar el Centro de ETE/TEE en Vinto y en el nuevo edificio del *Instituto Bíblico Jorge Allen* en Cochabamba. Estaba a cargo de ese Centro de TEE/ETE en Cochabamba que se reunía los viernes en la noche de 8-11pm con tres temas. Hubo ciento treinta estudiantes de ETE inscritos en los centros del valle, el doble del número de estudiantes que estudiaban en los Institutos Bíblicos de la zona.

Fui participante en el *Retiro de la misión MAE* en Candelaria. Además pasé un fin de semana de visita al campo con quince estudiantes en un viaje en una camioneta a

Independencia[161]. Partimos a las 2.30 de la madrugada para subir la peor parte de la carretera Cochabamba – Oruro en la oscuridad, para aprovechar el aviso por las luces y bocinas del tránsito que bajaba. Arriba, en la madrugada, vimos las nevadas de *Tres Cruces* y *Illimani*. Llevamos a cabo una reunión al aire libre en un pueblito, repartiendo folletos en quechua, vendiendo Biblias y Nuevos Testamentos. Tal fue el interés ¡que algunos estudiantes vendieron sus propias Biblias! Utilizamos un proyector en la pared de una casa y fue

---

[161] Raimundo Morris de la MAE, el chofer

muy emocionante oir a la gente, unas trescientas personas, leyendo lentamente los versículos de la Palabra de Dios. No había dónde dormir, entonces fuimos al campo, cortamos *ichu*[162] y dormimos en una zanja envueltos en nuestros *ponchos,* a la altura de más de 4,400 metros. Al regresar al pueblo en la madrugada, el alcalde no quiso que llevaramos a cabo otro culto al aire libre; pero, al conversar más, admitió que no había luz en el pueblo, porque el generador

---

[162] Tipo de césped

eataba malogrado. Siendo Raimundo Morris y yo técnicos, ofrecimos nuestra ayuda técnica, a cambio de un culto. El culto duró casi trés horas. Encontramos a unos creyentes que habían sufrido mucha persecución por su fe en Cristo. Almorzando en la tarde algo de pan y queso, comenzamos el regreso. Íbamos a tener otro culto en *el Abra* pero a las siete de la noche la temperatura estaba bajo cero y la gente estaba en casa durmiendo. Regresamos durante toda la noche a Cochabamba.

Tomé nota de la necesidad y dificultad de trabajo en el campo: las distancias; la falta de comodidades; el frío y la falta de alimentos; sobre todo la falta de *entendimiento* de la cultura. En el camino vimos las *apachitas*[163]; ofrendas para *pacha jap'isqa*[164]; los *apus*[165],

---

[163] Montículos de piedras

Illimani y Supay Raura; cosas a las que que no les daban explicación alguna las teologías enlatadas de la mayoría de los centros de preparación pastoral evangélica. Me di cuenta que no estábamos rascando donde pica.

En mayo de 1969 se llevó a cabo la *Conferencia anual de la Misión MAE.* Juanita ayudó con una guardería para los

---

164 Enfermedad de los espíritus del mal viento
165 Espíritus tutelares

pequeños y yo participé en unas de las reuniones. Entre las visitas figuraba el Sr. Ernesto Oliver, secretario ejecutivo de la misión nuestra en Gran Bretaña, y un gran misiólogo, aunque el término no era vigente todavía. Entre las discusiones surgió la posibilidad de forjar una relación más estrecha entre las misiones trabajando en el mundo andino entre los quechuas y los aymara. También hubo una discusión entre las misiones (¡no las iglesias!) de forjar una Iglesia unida entre la IEP[166] del Perú y la UCE[167] de Bolivia. Llegó una delegación[168] del Perú, pero todo quedó en la nada.

Pedro Wagner me había informado que él había recibido una invitación de trabajar en el

[166] *Iglesia Evangélica Peruana* una denominación formada por varias misiones de fe

[167] *Unión Cristiana Evangélica*, una denominación que se formó por la obra de la MAE y otras

[168] Entre ellos Saúl Barrera, Pablo Pecho de la IEP, Donaldo Ford de la EUSA y Florencio Segura de los Presbiterianos de Ayacucho

Seminario de Iglecrecimiento de Fuller en California e iba a salir de Bolivia. Pedro ya estaba cansándose de ETE y su nuevo "hobby"[169] era *Iglecrecimiento* con miras al crecimiento de iglesias mono-culturales. Parecía que Pedro Savage llegaría a ser el nuevo Director de la Misión MAE.

En esta época a pesar de la unidad fomentada por EVAF, se notaba un distanciamiento entre grupos bolivianos llamados *"liberales"* y *"evangélicos"* y todo esto iba a culminar en el libro que Pedro Wagner estaba preparando en esos días, basado en su colección de documentación de escritores latinoamericanos. Los tenía en dos montones en su escritorio, que se denominaban *escritos de la derecha y de la izquierda*. El marxismo estaba muy de moda en esos días y los

---

[169] Cansándose de *Iglecrecimiento* en la década de los 90, incursionó en el mundo de "*signs and wonders*"

escritos de Ché Guevara y de Mao estaban en todas partes. Esos escritos y lemas marxistas fueron anatemas a la mayoría de los evangélicos, pero no había respuesta coherente de parte de ellos a las enseñanzas y desafíos de la izquierda. Además, el concepto de *'culpable por asociación'* era tan fuerte que yo, por ejemplo, tenía que leer y guardar el diario de Ché con cuidado ¡casi debajo de la almohada!

En agosto de 1969 recibimos un cable de la Misión nuestra en Tarapoto:

- Tomen su año de licencia, ahora -

Había preocupación de parte de ellos por la salud de Juanita, de nuevo encinta. Hicimos los preparativos tan pronto como pudimos y volamos a Lima, con escala en La Paz. No teníamos nada arreglado para los vuelos a Escocia, además teníamos toda nuestra vida y bienes en la montaña del Perú, sin preparación para esa salida. Mientras la familia Sirag, en vacaciones en Lima, ayudaba a Juanita y los niños, yo regresé a Lamas a empacar y a despedirme de los hermanos de la zona. El 22 de agosto salimos para Londres en el DC6 de APSA[170], una nueva aereolínea del gobierno del Perú, promocionada en estampillas del país, pero que no progresó. En nuestro vuelo, en el sector París-Londres, ¡había más aeromozas que pasajeros!

Así pasó nuestra primera etapa en América Latina. Sentimos mucho gozo al llegar a conocer a tanta gente cristiana, sentimos cuán poco habíamos hecho para el reino de Dios y cuánto quehacer había por delante. Sin embargo sentimos el llamamiento de Dios a seguir adelante y con el sentir que era un momento especial en *el missio-Dei* para el mundo andino.

....

---

[170] *Aerolíneas Peruanas Sociedad Anónima*

AGOSTO DE 1969 A JULIO DE 1970, AÑO DE LICENCIA

Por la gracia de Dios y la bondad de una herencia de una tía abuela

soltera mía, Juanita y yo teníamos una casita en Tayport, condado de Fife, Escocia, como nuestra sede. Muchos misioneros extranjeros no tenían en dónde hospedarse en su año de licencia y dependían de la bondad de creyentes o miembros de su iglesia. El hecho de tener casita nuestra[171] dio a nuestros hijos

---

[171] La casita fue construida de piedra y tejas en 1802

un sentir de pertenecer al viejo mundo y al nuevo a la vez. La sub-cultura de "mish-kid" (hijo de misioneros) es una historia en sí y de poco a poco se tomaba más nota de ella en el mundo misiológico.

En octubre nació nuestra última hija, Raquel, en mi ciudad natal de Dundee. Fui invitado a hablar sobre la obra en América Latina en muchas iglesias, institutos bíblicos y conferencias de misiones. Este ejercicio era el pan de cada día para un misionero en su año de licencia. Entre febrero y mayo de 1970, no hubo semana en la cual no tuve menos de dos o tres reuniones alrededor del país. Al mismo tiempo había el cuidado y renovación de la casa; las visitas a familia; y el cuidar de la familia nuestra. En setiembre de '69 había hecho una visita a la *Universidad de St. Andrews,* a unos quince kilómetros de la casa. Oí que había un *Centro de Estudios Posgrado de Lingüística y Dialectología Latinoamericana* y que un misionero jubilado[172] de la EUSA/UNEP dirigía cursos en quechua allí. Una tarde tuve una conversación amena y detenida con el director, catedrático Douglas Gifford. Expliqué mis anhelos de seguir ayudando en el mundo quechua y me dijo:

—*Mira escríbeme una ponencia sobre la cultura quechua del valle de Sisa y si alcanza el estándar de posgrado, voy a recomendar tu entrada a estudios de maestría como "mature student"*[173].-

Regresé a casa con grande alegría a Dios por esa apertura de servir en una forma más amplia en América Latina en los años venideros. Mi incursión a los módulos de

---

[172] Leslie Hoggarth, por mucho tiempo en Sicuani, Perú
[173] *Estudiante especial/adulto*

quechua del Cuzco; arqueología maya/azteca/incaica y estudios amazónicos eran de mucho interés y utilidad. Luego de los exámenes, tuve que presentar una tesis, que iba a finalizar al regresar al Perú sobre *La etimología de la toponomía no-hispánica en la región de Lamas, Perú*,[174] con miras a demostrar la presencia de idiomas desaparecidos en los apellidos quechua, y en la topografía de la zona. Aunque tenía cierta experiencia cultural/académica, los estudios posgrados fueron un peldaño para poder enseñar a nivel universitario y para proseguir con una tesis doctoral de más utilidad, más adelante[175]. Como resultado de la tesis, pude desbaratar la vergüenza sentida por los apellidos de los quechua de la zona, apellidos como Tuanama, Fasabi, Shupingahua,

---

[174] 1971 M.Litt. Tesis. Copia en la biblioteca, Universidad de San Andrés, Escocia
[175] Obtuve el Ph.D. (doctorado) de la Universidad de San Andrés en 1976

Pashonasi, Tapullima, Amasifuén, y otros, mostrándoles que en su seno guardaban los restos de idiomas y culturas desaparecidas, testimonio permanente de las riquezas del mundo amazónico y superior en gran manera a los apellidos importados e impuestos desde España.

Entre las muchas reuniones en Gran Bretaña, se llevó a cabo un encuentro[176] de los dirigentes de las varias áreas de la Misión RBMU[177] en Inglaterra, Escocia, Canadá, los EEUU, y Australia. Fui invitado como un representante de la Misión RBMU/MPI en el Perú. Fue la primera señal de un malestar entre las misiones extranjeras, sus relaciones internacionales, doctrinales y sus vínculos con las iglesias emergentes en sus países de misión. El movimiento carismático no tuvo

---

[176] En Bulstrode, Inglaterra
[177] *Regions Beyond Missionary Union* que entró en misión en América Latina en 1888

aceptación en la misión RBMU en Canadá, en los EEUU y en Australia y esas quisieron una estructura separada. También se daban las primeras señales de un debate más amplio, casi detrás del escenario, – *la relación entre iglesia y misiones.* No jugué un papel clave en la conferencia, pero tomé la nota de las posiciones tomadas por los individuos y grupos. Pude ver que Ernesto Oliver[178] veía que su tiempo al mando y su contribución a llevar a la misión adelante al siglo XXI había llegado a su fin. Iba a retirarse y jugar un papel clave en la formación del movimiento llamado *Tear Fund*[179] y la *Alianza Evangélica* en Gran Bretaña.

En julio de 1970, recibimos la invitación a regresar al Perú, vía los EEUU, y visitar las oficinas de RBMU en Filadelfia. Recibimos

---

[178] Secretario executivo internacional de la RBMU
[179] Una entidad de ayuda social formada por evangélicos, como *Caritas* de los Católicos, o *Christian Aid* de los protestantes

las noticias tristes de *la destrucción de Yungay y Ranrahirca* (por la TV). Iba a recibir la historia presencial de ese evento, años más tarde, por miembros de las Asambleas de Dios que se salvaron, al estar fuera del pueblo en un culto de bautismo. Nosotros, al pasar por Londres, firmamos el libro recién abierto de condolencias y dejamos una ofrenda para los damnificados. Nos despedimos de nuestros padres y familias a sabiendas que cuatro años podrían pasar sin verlos; de nuevo, la única comunicación sería a través de cartas que demoraban tres semanas en llegar, aun por vía aérea, o en circunstancias sumamente graves, por un telegrama.

YUNGAY

JULIO DE 1970 - "VAMOS A LA SEGUNDITA... *¡ADENTRO!"*

Salimos el 14 de julio de 1970 a los EEUU en un vuelo de *British Caledonian* desde Edimburgo, rumbo a las oficinas de la RBMU en Filadelfia. Por el retraso del vuelo llegamos con nuestro equipaje y los cuatro niños de noche y teníamos que transportarnos al aeropuerto JFK por taxi. Teníamos miedo al no saber por dónde íbamos, por las calles oscuras y con aviso de asegurar las puertas y agacharnos. De Nueva York a Filadelfia no recuerdo mucho, solo que entramos por primera vez en una *Limo* y nos dirigirnos a la casa de la Misión[180]. José Conley[181] y su esposa Eileen, ambos ex misioneros en Lamas, Perú, nos atendieron bien en el calor y la humedad de esa ciudad. Llegamos a conocer a otros[182] de la oficina y fui con otro[183] al puerto de New Jersey con un *Jeep* destinado al Perú por vía marítima. Fue una experiencia de película. Los fleteros, con puros en la boca, gordos, y con cicatrices; su

---

[180] 8102 Elberon Av.
[181] Director del la RBMU en los EEUU
[182] Bertel Vine y el tesorero
[183] Marcos Sirag

oficina con la Virgen en una pared y una 'calatita' en la otra, no daba mucha confianza. El retorno en ómnibus, subterráneo y tren no prestaba mucha confianza tampoco.

Esa tarde, ya para salir a Lima con *Braniff*, don José sugirió que tengamos "*una palabra de oración*" antes de salir. Resultó ser más de media hora de lectura, exposición y oración, así que tuvimos que llevar de nuevo a los niños al baño, etc., antes de salir. Salimos apurados al aeropuerto. Entonces descubrí que ¡había dejado mi cartapacio con todos los documentos en la sala! Volvimos y finalmente al llegar al aeropuerto, don José agarró a los pequeños y otros mozos las maletas y corrimos de frente a la sala de partida. Después de suplicaciones angustiosas, pasamos a la pista y corrimos al avión. No fue un buen comienzo de nuestra segunda llegada al Perú, con las once horas de vuelo de noche y dos niñas en nuestras rodillas y la otra vomitando de cuando en cuando al lado de su hermanito. Para colmo, el asma me agarró fuertemente en Lima. Dimos a Dios las gracias por la presencia de don Federico Webb, quien nos ayudó con nuestra salida en muy pocos días a Tarapoto en un vuelo de un DC6 de SATCO[184].

Al subir a Lamas descubrimos que había habido una ruptura en la Iglesia local por varios motivos de paternalismo y de doctrina[185]. No sería la última, porque estaban llegando influencias neo-pentecostales y el inicio de lo que luego se titularía los NERMS[186]. Un tal José de la Cruz estaba caminando de pueblo en pueblo, llevando una cruz de madera al

---

[184] Servicio Aéreo de Transporte Comercial, era una aerolínea estatal del Perú, ex TAM (Transportes Aéreos Militares), que operó desde el año 1960 hasta 1973, año en que se convirtió en *AeroPerú*

[185] Habían llegado los esposos Panduro - Cristina era hija de Eduardo Ball, director de la Misión hasta 1965

[186] *Nuevos Movimientos Religiosos*

hombro y cortando astillas de ella, ofreciéndolas a precio para curar las enfermedades. Los del *Quinto Ministerio* estaban llegando a la zona de Chachapoyas y luego, al irnos a la sierra de Apurímac, íbamos a encontrarnos con los *Israelitas del Nuevo Pacto.*

Las clases en el *Instituto Bíblico* en Lamas iban a comenzar pronto y habíamos perdido nuestra máquina de escribir en el cambio de aeropuertos en Nueva York. Este entorpeció mi repartimiento de apuntes de clase.

También yo estaba involucrado en realizar viajes a Yumbatos para ver la obra de las nuevas iglesias y la clínica[187] de Megan Jones. Al viajar también a Yurimaguas hubo un temblor inusual, como se estuviese pasando un camión ruidoso y como si toda la

---

[187] La clínica iba a ser destruida después de un huracán y la salida de Miss Megan por enfermedad a Inglaterra

calle y los edificios fuesen un oleaje en altamar. De allí surcamos el río Paranapura para visitar a los chayahuita, a Marcos Sirag y a oír más en cuanto a las relaciones nuevas, después de *La Reforma,* entre los arroceros y las comunidades nativas[188]. Por el hecho de que el nivel del río estaba bajo, quebramos de cuando en cuando el "pin" en el motor fueraborda. Vimos la ventaja de las balsas que pasaban tranquilamente con su gente, plátanos, arroz y algodón. Marcos, Rut y su familia vivían muy sencillamente en una casita de *calamina* de un solo cuarto y la comunidad chayahuita tenía mucha confianza en ellos. Lastimosamente, Rut iba a enfermarse gravemente y tenían que salir del país. Llegaron otras dos señoritas[189] misioneras quienes se quedaron por un tiempo y otra pareja, los Brown[190] se

---

[188] Los chayahuita sembraban arroz con semilla provista por los mistis y al cosecharlo arreglaban cuentas

[189] una inglesa y otra norteamericana

quedaron por muchos años en Yurimaguas y ayudaban a los chayahuita y al pueblo.

Con el nuevo gobierno uno tenía que tener un brevete de conducir peruano, pasando una prueba de teoría y una prueba de práctica. Al tomar el examen teórico de preguntas y repuestas múltiples, el policía de tránsito en Tarapoto me dijo,

—Te *voy a ayudar, porque la Miss Megan me sanó.*

Completó él el cuestionario y para la prueba de manejo me dijo,

—*Llévame, con mis compras, a mi casa más arribita.*

Desgraciadamente la foto tuve que proveerla yo, porque la máquina a color polaroid, ¡se la había llevado el capitán a una fiesta de su hija! Tenía que aprender de nuevo que lo que ayuda es a quién conoces, y que la amistad

---

[190] Everett y Alicia

vale mucho. Con unos doscientos hermanos tomamos parte en la *Convención Regional en Tabalosos*. Había comentarios sobre la falda de mi esposa siendo demasiado "*estilo mini*", especialmente por la hermana evangelista, Srta. Asunción Díaz[191], a pesar del hecho que ella llevaba ¡una blusa que traslucía un poco! Se malogró el generador en Lamas a principios de octubre y vivimos de nuevo, al estilo Sisa, con lámparas a kerosene y con agua de lluvia y de pozo, en cántaro. Cada fin de semana los estudiantes salían en giras de visitas a las iglesias del campo. Nuestra *choshña* (kingkajou) asustaba a los estudiantes al brincar sobre ellos y por ende ¡fue "*beneficiado*" en la cena estudiantil a final del año! Siempre había cosas que hacer, con las clases, las visitas y la familia.

---

[191] Por más de cincuenta años, una de las más dedicadas evangelistas y enfermeras de la Amazonia

Comenzamos el año nuevo, 1971 con un accidente. Yo estaba manejando el nuevo Jeep de la Miss Grace con la Srta. Ellen Buckle, de 60 años, [192] a Lamas, cuando en la subida se resbaló y dimos una vuelta de campana. Vino el Sr. Hudson en el único camión de Lamas y con cadena nos enderezó y llevó a la Srta. Ellen, ilesa pero asustada, a Tarapoto.

---

[192] misionera de la RBMU

En agosto tuvimos la oportunidad de ir de vacaciones a Calca, Cuzco, a la casa de amigos de la misión UNEP. Cuando estábamos en el aeropuerto de Lima esperando volar al Cuzco por LANSA,[193] recibimos un consejo de un gerente amigo de cancelar nuestros pasajes, y cambiarlos, contándonos que habían sobrepasado las horas de operación de los motores de ese avión y que la compañía no tenía dinero para sacar los nuevos de la aduana. Cambiamos a Faucett. El siguiente día Lansa OB-R-939 cayó al despegar del Cuzco matando a todos los pasajeros y solamente un tripulante se salvó. Había un refrán "*Ir en LANSA ¡es para "lanzarse" a la muerte!*"

---

[193] LANSA OB-R-941 cayó en 1971 con la muerte de 85 pasajeros en la ruta Lima-Pucallpa. Se salvó por milagro una chica que se cayó de su asiento y luego caminó por diez días por la selva a buscar socorro

Como resultado del tiempo en Bolivia, antes de nuestro año de licencia, y la difusión entre las misiones de mi ponencia *Home Thoughts from Abroad* [194], sobre la realidad del avance del Evangelio y los desafíos en el mundo andino, seguía un conversatorio con Pedro Savage y Raimundo Morris de la MAE sobre cómo fomentar más interés en la obra quechua. Antes de salir de Cochabamba habíamos formado un *"Instituto"* (en papel) llamado IQLOC[195] y supuestamente yo era su director. Por lo tanto regresé a Cochabamba por tres meses en '71 con miras a hacer tres cosas: la última revisión del libro programado a nivel diploma de Génesis/Éxodo; ayudar a crear un programa de enseñanza en el idioma quechua para nuevos misioneros de la zona andina; y coordinar con otros centros de enseñanza y los Institutos Bíblicos de la zona

---

[194] NLS/BNE
[195] *International Quechua Language and Orientation Committee*

andina. Jamás Juanita y yo habíamos pasado tanto tiempo separados y no fue cosa fácil con la única comunicación por carta esporádica.

Las cosas de IQLOC no salieron bien por varios motivos que son comunes en la obra del Señor. Había conflictos interpersonales con caracteres fuertes como Savage, y nosotros. Había conflictos en Cochabamba mismo entre programas – ETE; los institutos tradicionales; el liderazgo nacional mestizo; las misiones y el mundo quechua. Había, a la vez, conflictos de liderazgo en la misión MAE, entre ellos con los dirigentes de la UCE[196] y la Iglesia nacional. También había nuevos movimientos pasando por la zona que restaban atención al problema iglesia/misión. Por ejemplo, llegó un grupo de más de cuarenta menonitas tradicionalistas del norte

---

[196] Unión Cristiana Evangélica

de Canadá, buscando refugio del "mundo moderno" en la selva boliviana, y, por otro lado, llegaron los del Cuerpo de Paz de los EEUU.

Se levantó en esos días un grupo de líderes inquietos que iban a formar la *Fraternidad Teológica Latinoamericana* (FTL),[197] con Pedro Savage como
su primer secretario general. Aunque yo iba a llegar a ser miembro de ella más adelante, la misión RBMU no me permitió asistir en aquel entonces a la reunión, por considerarles *"liberales"* y *"conflictivistas"*. En medio de todo este afán, resultó que mi trabajo de meses de preparación del libro programado,

---

[197] Francisco Anabalon, Chile; Pedro Arana, Perú; Gerardo de Ávila, N.York; Enrique Cepeda, México; Eduardo Cavalcante, Brasil; Samuel Escobar, Perú; Héctor Espinoza, México; David Jones, Inglaterra, Andrés Kirk, Inglaterra; Emilio Antonio Núñez , El Salvador; René Padilla, Ecuador; Washington Padilla, Ecuador; Edison Paredes, Venezuela; Oscar Pereira, Chile; Pablo Pérez, México; Mauro Ramalho, Brasil; Asdrúbal Ríos, Venezuela; Pedro Savage, Inglaterra; Cesar Thome, Brasil; Virgilio Vangioni, Argentina; Pedro Wagner, EEUU

fue "rechazado" y meses de empeño se fueron a la nada. El comentario de los "expertos", con sede en Centroamérica, era lo consideraban demasiado *"sencillo"* para el nivel diploma, a pesar de que había revisado la nivelación, página por página, con dos hermanos graduados del *Instituto Bíblico de Carachipampa* de la zona[198]. Tal vez no se dieron cuenta de la diferencia de niveles de educación en cada país y que para muchos en los países andinos, el castellano no era su idioma materno.

Pasé cuatro semanas en Sucre en el *Instituto Bíblico de San Juanillo* con los Morris, y como "*válvula de escape*". Con Juan Lloyd[199], visitamos a los hermanos en las zonas de Pocoata, Potosí, y Oruro, aprovechando para

---

[198] En realidad los libros programados de ETE nunca tuvieron éxito duradero. Lo insólito fue que los libros preparados por los anglicanos en Chile ¡llegaron a ser los más utilizados por la ACYM en sus iglesias en desarrollo en la década de los 80!
[199] Joven misionero de los EEUU de la MAE

comprender más la realidad del mundo campesino quechua y de practicar nuestro quechua.

El regreso al Perú iba a ser por tierra a Sicuani y el centro del Perú, pero con los conflictos y poco interés de nuestra misión en el mundo quechua, volví a Lima directo y de Lima a Tarapoto. Además, había conversado con don Florencio Segura, traductor y predicador de la zona Ayacucho/Apurímac y Donaldo Ford del *Instituto Bíblico de Sicuani* en una reunión de las iglesias del Perú y Bolivia durante mi tiempo en Cochabamba. Hubo un momento de congoja en el aeropuerto en Tarapoto
cuando mi hija menor no me reconoció y me miró detenidamente por cinco minutos antes de sonreír.

Al regresar a la montaña, me dediqué a enseñar en el *Instituto Bíblico de Morales* y a recobrar ánimo entre los hermanos de la zona. También seguía añadiendo a mi *Vocabulario Quechua de San Martín* que formaba el diccionario producido por el ILV. Sin embargo, había siempre en el corazón nuestro la oración y el anhelo de cómo avanzar la obra entre los quechua. ¿Podríamos persuadir al ejecutivo y la misión a buscar "*campos blancos"* en la sierra del Perú?

Siempre había nuevas experiencias. Bajo la supervisión de don Ole Sorell y don Gricerio Flores trabajamos en hacer el piso de concreto armado del *Instituto* en Morales en un solo día con la ayuda de muchos otros hermanos. Llevamos agua del río Cumbaza en la camioneta, batimos la mezcla a mano, cargamos la mezcla arriba en latas de manteca de chancho y otros iban nivelando la mezcla. Desde las 7 de la mañana hasta el atardecer seguimos, sin parar. Al final, yo estaba llorando del dolor de brazos.

Durante esa época varios candidatos nuevos de la RBMU se presentaron con cierta visión para la obra quechua: la familia Anderson de los EEUU[200]; las Srtas. Noble, Howe, Flack y Hellens y Cristóbal Papworth, todos de Inglaterra[201]. Durante todo ese año existió la jubilación de toda una generación de misioneros/as: entre ellas la Srta. Eleonor Wohlfarth y la Srta. Jessie Lydia Norton, ambas enfermera/obstetrices y fuera de la misión en sí, jnuto con la Sra. Myrtle Miranda Cooper. Las historias de sus vidas abnegadas por cuarenta años y más cada una, están registradas en el *libro de la vida* de Dios. Tal vez un comentario sobre cada cual.

---

[200] Iban a servir en el valle de Sisa
[201] Ellos iban a pasar a la Sierra con nosotros

Eleanor, al regresar a Inglaterra, seguía saliendo a las calles de Londres a repartir folletos y hablarle a la gente de Cristo; Lydia, a pesar de su edad y su dificultad de hablar castellano, con su "*dejo*" fuerte, dialecto "Cockney", volvió al Perú, siendo mayor de 65 años, para ayudar en la apertura de la obra en Antabamba, Apurímac, a 3,500 s.n.m.; Miranda me contó de las molestias de un cura borracho que venía a su casa en muchas oportunidades en Bellavista, Huallaga, hasta que una noche al tratar de agarrarla en el balcón, se cayeron los dos, y Miranda, una gran y robusta escocesa, lo aplastó. De allí en adelante ese cura se puso manso y servicial, recomendando que los niños de la zona asistiesen a la escuela dominical de los evangélicos. Unos misioneros/as de la zona se sentían incómodos/as por el crecimiento de la voz de la *Asociación de Iglesias (AINEOP)* y el advenimiento político de estudiantes quienes tenían preguntas sobre el quehacer de los tiempos, el marxismo, el pentecostalismo y el carismatismo que estaban entrando en la región. Era una era de cambios. Sin embargo, por todos esos cambios, se veía la obra del Espíritu Santo madurando y extendiendo la Iglesia del Señor en la región de San Martín, Perú.

En la *Reunión anual de la misión* en diciembre de '71 se acordó enviar a su servidor y a don Federico Webb para hacer un estudio de la Sierra Sur y ver la posibilidad de ayudar a la *Iglesia Evangélica del Perú (IEP)* en su misión entre los quechua. Federico estaba en Lima y de allí salimos en *colectivo* a Huancayo para visitar a la familia Cueva, fundadores de una misión nacional AMEN[202], con su secretario Rubén Paredes,[203] quienes habían cooperado en la

---

[202] *Asociación Misionera Evangélica Nacional*

evangelización en San Martín en la década de los 50. Nos atendieron con esmero y aprendimos mucho de la obra en la zona central. Cuando estábamos hospedados en su casa, vino un hermano, Camilo Huamán, de la zona de Huancavelica, implorando que viniésemos a ayudar a edificar a los muchos nuevos grupos en el campo. Decía que era un tiempo de cosecha espiritual, pero que era necesario asegurar la mies. Me sentí bastante conmovido y pensaba presentar la posibilidad a nuestra misión.

De allí viajamos en *colectivo* por la Mejorada a Ayacucho y encontramos por "casualidad" a misioneros presbiterianos en Huanta, quienes nos informaron de los muchos nuevos grupos de evangélicos en Ayacucho y Huancavelica por el ministerio de la radio en Huanta[204].

---

[203] El padre del Dr. Rubén Tito Paredes de CEMAA
[204] A través del ministerio de don Florencio Segura

Luego, pasamos en ómnibus a Andahuaylas y, no conociendo a nadie en ese tiempo, dormimos en el frío y la lluvia, arriba de la plaza y adentro del ómnibus vacio. Tratamos de encontrar a los Hamilton[205] pero no pudimos ubicarlos. De allí pasamos por Abancay a Cuzco y bajamos a la Hacienda Urco[206] en el Valle Sagrado para conversar con los misioneros [207]allí. Posteriormente, tomando el tren, bajamos a Sicuani y al *Instituto Bíblico* con su director Donaldo Ford, condiscípulo mío del LBC[208] en Londres. Yo estaba preocupado porque los informes que estábamos recibiendo sobre la obra estaban todos presentados por los misioneros. Sin embargo, por unos

---

[205] Roberto y Joan Hamilton, misioneros independientes en aquel entonces, irlandés e inglesa

[206] La hacienda Urco por Calca era un intento de la misión EUSA a mejorar la vida y la agricultura en la región y de larga trayectoria desde 1916, con famosos misioneros como los Payne y los Bell

[207] la familia Bell de Irlanda del Norte

[208] London Bible College donde estuve de estudiante, 1959-63

momentos preciosos pudimos conversar con tres líderes quechua pioneros en la obra, don Alejandro Mamani, don Saturnino Valeriano[209] y don Pedro Bolaños. Por medio de ellos pudimos ver más claramente las necesidades del campo en el Sur.

En el camino de regreso del Cuzco a Lima en el ómnibus de la línea *Ormeño*, bajamos hasta Chalhuanca, pero las intensas lluvias de la época causaron varias *huaycos* en la ruta. No había pase de Challhuanca a Puquio. Entonces, cambiamos nuestra ruta retrocediendo en el mismo ómnibus por Abancay, Andahuaylas a Ayacucho. Los pasajeros, choferes (medio borrachitos) y ayudante dormimos en el camino. Salimos de nuevo de noche de Ayacucho por el *Camino*

---

[209] Los dos habían hecho un viaje misionero como estudiantes a Apurímac en la década de los treinta y habían sufrido ataques físicos y encarcelamientos al anunciar el Evangelio. Iba a considerarles mis "padres espirituales"

de Los Libertadores y en la subida a la puna se malogró el ómnibus en medio de una nevada. Durmiendo yo, en el pasadizo, me cogió un ataque fuerte del asma, hasta perder el conocimiento. Me desperté en la bajada a Pilipichaca, oliendo a trago. La gente decía que si no fuese por la oración de don Federico, el arranque del ómnibus y la sobada de trago, yo no hubiera recobrado el conocimiento. Esa misma noche, sin saber nada del acontecimiento, en Tarapoto, Juanita tuvo un sueño en el cual el Señor le preguntó: S*i muriese Estuardo ¿qué harías tú?*

Ella le respondio: *Yo me quedaria...*

Llegamos a la costa con otra espera de varias horas por un *huayco* abajo en Ticrapo, y a Lima ¡tres días después de haber salido del Cuzco! En Lima tuvimos conversaciones con Stuart Harrison[210] de la EUSA, don Ignacio Zúñiga, presidente de la IEP, y con el secretario del CONEP don Pedro Merino. Los peruanos no tenían ningún reparo en que abriéramos una obra vinculada con la IEP[211] en la Sierra Sur Centro.

---

[210] Stuart Harrison ,al jubilarse, iba a ayudar mucho en ordenar y recolectar los archivos de la misión EUSA/RBMU para el archivo en New College, Edimburgo
[211] Iglesia Evangélica Peruana

Al volver a la misión en San Martín, presentamos dos informes por separado. El consejo de Federico fue que abriéramos una nueva obra en la zona sur de Apurímac, tal vez con sede en Chalhuanca, donde habíamos tenido que pernoctar. En cambio, yo pensaba que nuestro propio ministerio estaba en la línea de 1 Cor. 14;3[212], y la necesidad apremiante de ese momento era asegurar la cosecha espiritual en el área de Huancavelica, donde había ya una invitación abierta. Después de consultas y oración, los dirigentes de la Misión optaron por abrir una nueva obra en Apurímac, con sede en Chalhuanca, y las Srtas. Noble y Howe iban a ser la punta de lanza, seguidas por nosotros como familia. A veces en la vida de un creyente y en la obra del Señor, uno tiene que obedecer a sus

---

[212] *Pero el que profetiza habla a los hombres para edificación, exhortación y consolación*

líderes y guardar sus pensamientos y convicciones, creyendo que, al final de cuentas, la obra es de Él. Podemos dar gracias a Dios que la misión MAE envió más tarde a los Searle, neozelandeses, a la región de Huancavelica.

....

1972 - VIDA Y VISIÓN EN APURÍMAC

En mayo de 1972, el avance de la RBMU/MPI hacia Apurímac comenzó con la ubicación de las Srtas. Susana Noble y Anita Howe en Chalhuanca, con la ayuda de don Ole Sorell, el director, y su esposa Vera. Fue oportuno que había llegado la camioneta nuestra, el *Chevrolet 250* de doble tracción, de segunda mano, a la aduana de Callao en esos días, desde Montana en los EEUU. No pudimos salir nosotros a la misma vez, porque estaba yo comprometido en cambiar la caja de cambios en el Land Rover de Tarapoto y con otros quehaceres en las iglesias de la región de San Martín.

Nosotros como familia, con nuestros bienes salimos de Lima, el 13 de julio de 1972 en la camioneta, por la ruta Nazca/Puquio y llegamos a Chalhuanca en veintidós horas, durmiendo al lado de la carretera arriba de Puquio.

La semana siguiente, con los cuatro niños, intentamos llegar a Chuquibambilla, por Abancay. Descubrimos que era tres horas de manejo a Abancay y siete horas más a Chuqui. Vendimos literatura evangélica, hablamos con los sacerdotes a cargo de la zona, que no estaban muy entusiasmados con nuestra llegada, y buscamos a creyentes evangélicos, sin éxito. Durmiendo todos de nuevo en la camioneta en la escarcha, regresamos el siguiente día.

La siguiente semana, después de los cultos iniciados en Chalhuanca por las Srtas., fuimos en la camioneta a Andahuaylas por la ruta hacia

Abancay por el puente *Pachachaca²¹³*, y Kishhuará, pasando el abra de Cruzccasa a 4000 metros. Llegamos en siete horas, cambiando llantas en dos oportunidades²¹⁴. Nos encontramos con la familia Hamilton y don Teodosio Segura²¹⁵, presidente del Presbiterio del IEP, y tuvimos buena comunión y comprensión entre todos. Los Hamilton nos dieron hospitalidad y sus niños y los nuestros se gozaban juntos.

---

²¹³ El elemento clave técnico (el puente)en el avance del imperio incaico y la dominación de los Chancas
²¹⁴ Llevamos siempre dos llantas de repuesta, pico y varas, dos gatas, más una caja de herramientas
²¹⁵ Hermano de don Florencio en Huanta

Aprendimos más en cuanto a la obra de la zona y del *Instituto Bíblico de Talavera.*

Al regresar encontramos nuestro primer accidente fatal de tránsito. Al llegar al puente Chantay, vimos a gente regada en la pista, su camioneta abajo en las rocas al lado del torrente. El chofer se suicidó, al ponerse un venda a los ojos y piedras en sus bolsillos, tirándose del puente al río. Levantamos a cuatro de los heridos más graves y les colocamos con cuidado en la parte trasera sobre nuestras bolsas de dormir y lentamente les llevamos al hospital, veinte kilómetros arriba, en Abancay. Dos llegaron muertos, los otros sobrevivieron; pero uno de ellos, un año después, ¡nos acusó de perjudicar su vida! Por este motivo, los choferes no querían meterse con accidentados en las rutas, aunque muchos robos de bienes fueron practicados por choferes y vecinos sobre los desafortunados y muertos. Al bajar por el sitio de nuevo en la noche, algunos pasajeros seguían esperando auxilio por motivo del poco tránsito en la ruta.

Iba a ser el primero de muchos accidentes que presenciamos en la zona y nos sentíamos incapaces de proveer la ayuda material y a veces espiritual en dichos casos. En tres oportunidades,[216] en los cinco años en Apurímac, encontramos ómnibuses enteros destrozados, con sus pasajeros muertos o heridos; vimos pasar un camión nuevo de Lima que nunca llegó a Cuzco, y fue encontrado meses después al fondo de un río[217] con su chofer y ayudante; y al lado de las carreteras, siempre había cruces recordatorios, casi como bosquecitos; y tantos camiones con desperfectos al lado de

---

[216] Uno arriba de Antabamba en Yanaquilca, otra entre Chincheros y Talavera, otro en la bajada de Ocros
[217] Por el puente Sahuintu ruta Chalhuanca-Abancay

las rutas y en las punas, sin ejes, motores fundidos, sin frenos o dirección, sus pobres ayudantes, en el intemperie, esperando días para los repuestos de Lima. El *plan del gobierno militar de unificación del parque motriz* y de solamente importar los *Dodge* y *Volvo* entorpeció el incremento del mercado y puso en peligro muchas vidas. Los *Volvo* eran buenos en la Sierra, pero demasiado costosos, y los *Dodge* no aguantaban en las subidas largas y múltiples curvas de Costa a Sierra.

La siguiente semana fui sólo en la camioneta de Chalhuanca a Lima en dieciocho horas (¡locura de record!). En la larga y serpentina bajada de *la Pampa de Galeras* a Nazca, perdí las luces, de un momento a otro. Por la gracia de Dios giré a la izquierda y no al abismo a la derecha. El borne de la batería se había soltado. No fue la última experiencia de esa índole, y tengo que reconocer la mano de Dios sobre mí y sobre otros, porque estadísticamente hubiéramos muerto muchas veces en nuestros viajes en el Perú. Fui para una reunión de encuentro con el ejecutivo de la IEP y para explicarles más de nuestros anhelos y vínculos con ellos en la Sierra sur-centro. Confieso que tenía cierto temor de ellos, personas reconocidas como pastores, don Pablo Pecho, Omar Arboccó y Saúl Barrera[218], cuya fama había llegado a mis oídos por ser un poco anti-misioneros extranjeros (y con razón). Pero descubrí que ¡*perro que ladra no muerde*! y me enseñaron mucho de la lucha de llegar a ser reconocidos como personas y como Iglesia nacional y autónoma. Mientras estaba allí completé la revisión del *Diccionario Quechua de San Martín*, entregándolo al ILV[219].

---

[218] Pastores des iglesias de la IEP en Lima
[219] publicado por el ILV en 1992

Volví por la ruta de La Oroya, Huancayo, Ayacucho y Andahuaylas por motivos de consultar de nuevo con los Cueva y Searle en cuanto a ayudar en Huancavelica mismo, durante el año de licencia de los Searle. Al final, solamente pudimos ayudarles en la oración. En el regreso de Huancayo a Abancay manejé 10-15 horas diarias, por motivo de la intemperie y las fallas mecánicas, recogiendo a pasajeros para testimonio y compañerismo. Visité a los de Huanta para informarles de nuestras decisiones y mantener buenas relaciones con los Emerson[220] y los Ross. En la bajada a Talavera se me fueron los frenos, la cañería cortada por una piedra, pero, por la gracia de Dios, entramos en una pampita y no al barranco. ¡El sargento de policía viajando conmigo se puso más "*gringo*" (blanco) que yo! Fue una oportunidad para hacerle recordar sobre la vida después de la muerte.

Después de pasar dos semanas como familia en Chalhuanca, salimos de nuevo en la camioneta para ver las posibilidades de establecer una obra en Antabamba, pasando por Coraybamba, Silco y Mollebamba, frente al *Apu Pisti*. Tratamos de ir más abajo hacia Huaquirca, pero la trocha no prestaba seguridad en la bajada, aun con doble-tracción y las llantas *Chasqui*. Vendimos y

---

[220] Homer Emerson era uno de los traductores del NT, dialecto de Ayacucho

regalamos literatura bíblica y las láminas de los "*Dos caminos*" y "*el Corazón de Pedro*". Durmiendo en la camioneta en la noche con los niños, ¡encontramos hielo aun en el interior de la cabina!

Nos dimos cuenta que tendríamos que establecer bases en esos lugares remotos y visitar a pie, de poco a poco, esas regiones vastas de caseríos pequeños. Pasamos mucho tiempo en oración como equipo en buscar la sabiduría de Dios al tomar estos pasos.

Mientras Susana y Anita establecieron un grupo en Chalhuanca, contemplamos alquilar un salón en la carretera al lado del restaurante "*El Olivo*", al frente de *la Agencia Aymarino*[221]. Nosotros habíamos alquilado

---

[221] Solamente tenían dos omnibuses Ford 600 y un horario irregular Abancay-Lima; ¡a veces paraban a participar en una fiesta local en la ruta!

un sótano que daba al patio, debajo de la agencia y al lado del río. Este tenía una pila con agua fría y un baño común. Al principio, los niños durmieron en bolsas de dormir en sus catres de campaña y nosotros sobre un colchón que llevamos en los viajes de camioneta. Cocinamos a kerosene y Juanita lavaba la ropa en una tina en el patio. El río corría detrás y la música *huayno* del restaurante anunciaba la llegada de los ómnibuses inter-provinciales[222] de cuando en cuando y a toda hora del día y de la noche. Juanita enseñaba a los niños y ellos jugaban entre ellos, con sus amiguitos del pueblo y con sus "tías" misioneras.

Llegaron los otros a participar en la obra, Cristóbal Papworth[223], Juana Hellens, Rosemary Flack y luego la familia Scott. Como resultado fue posible el establecimiento de la obra en Antabamba por el traslado de Susana y Anita; la marcha de la obra en Chalhuanca por Rosemary Flack[224] y Janet Hellens,[225] y luego los Scott[226]; mientras

[222] *Morales Moralitos, Ormeño, la Cooperativa Condor de Aymaraes* y *el Aymarino*
[223] Cristóbal y Anita llegarían a casarse en 1977 y salieron a trabajar con *Operación Movilización* en el barco Doulos y en Europa e Inglaterra
[224] Pasó a trabajar por muchos años en la clínica Urcos, en el valle del Urubamba, en Quillabamba y en Puno, Juliaca
[225] Se enfermó y regresó a Inglaterra, pero luego siguió en la obra del Señor en Irlanda del Norte, después de casarse
[226] Ken de las Islas Órcadas en Escocia, con su esposa Jeannie de los EEUU

que Cristóbal Papworth y nosotros como familia nos trasladamos a Abancay a ayudar al pequeño grupo de hermanos de la IEP en esta ciudad[227]. Vivimos en la *Calle Apurímac 604*, con Cristóbal y muchas visitas, en una casa alquilada de adobe, con patio interior.

Durante el periodo de los cinco años 1972-1977, la obra fue establecida, poco a poco, en esa zona de Apurímac. Tuve el privilegio de enseñar en el *Instituto Bíblico en Talavera* por tres meses en esos años, y de llegar a conocer el costo de evangelizar y establecer la obra en las vidas de los estudiantes y obreros de la región. Don Juan Ortiz, el obrero del Presbiterio, perdió la confianza de sus hijos, por estar fuera tanto tiempo, al igual que los obreros del Sínodo del Sur. Por un reglamento impuesto por los misioneros de antaño, el obrero nacional tenía que estar fuera de casa veintiocho días al mes afín de recibir su pequeño sueldo. El hermano obrero Nicanor Quispe, el hermano Juan Bautista Huamán y otros quienes se hospedaban con nosotros de cuando en cuando, siempre hablaban de la situación de pobreza y el incumplimiento de pago por las iglesias. Se notaba que la obra crecía por el amor a Cristo y no por el amor al sistema.

A fines de 1972 oímos que en Morales había fallecido en un accidente trágico, la hija de los canadienses Sheil, Beth, a la edad de 11 años, por un desperfecto en la lámpara de su dormitorio. Fue enterrada en el cementerio en Tarapoto y la familia regresó a Canadá.

Durante ese tiempo tuvimos la ayuda y visitas de varios jóvenes[228] del AMEN y de don Juan Cueva mismo. Don Juan, como agente vendedor de joyas y relojes, era evangelista de primera, pero siempre nos encomendaba a gente profesional "*a punto de convertirse*". Esto señalaba un problema en el establecimiento de la iglesia en Abancay, en sus inicios ubicada en un saloncito, tres cuadras arriba de la calle Apurímac. Una noche invité al culto un abogado de edad, uno de los que don Juan indicaba que estaban "*a punto*" de convertirse. Tenía que sentarse en un banco al lado de una hermana quechua dando pecho a su bebé y con otro pequeño a su lado. Desgraciadamente, el pequeño hizo "pichi" sobre los zapatos lustrados del abogado y ¡nunca volvió!

Decidí que en el inicio de una obra, la integración cultural no es una posibilidad, pero tampoco iglesias homogéneas son señales de fe verdadera en Cristo. Cuando uno llega a Cristo, la hermandad debe cruzar barreras socio-culturales y etnicidad.

Otros nos ayudaban. Don Pedro Hocking de *Segadores de la Cosecha* vino en varias oportunidades con un estudiante Manuel Billar. Los dos eran hábiles cazadores y colectores de aves y de mariposas para el proyecto de la *Universidad de San Marcos* y evangelistas a la vez. Luego apareció en la calle de Abancay, un joven misionero de la ACYM[229], Ruben Zárate, respondiendo a un llamamiento de Dios. Le invitamos a quedarse con nosotros y luego retornó, con su novia Anita, a trabajar como pareja en la región.

Teníamos las dificultades constantes de falta de luz y de agua por los *huaycos*. Los ingenieros neófitos de las Universidades de

---

[229] Rubén Zárate de Orccotuna, Junín

Lima, enviados por el gobierno militar a ayudar en *la Reforma Agraria* y a establecer infraestructura y cooperativas en general, eran casi inútiles y sin conocimiento de la zona andina. Por ejemplo, reconstruyeron los dos kilómetros de acequia para la toma de la hidroeléctrica destrozada por las intensas lluvias en '73, y con mucho espectáculo inauguraron el sistema. ¡El agua avanzó hasta la mitad del canal y se quedó allí! La nivelación estaba equivocada, a pesar de que sus antepasados, los Incas, y los de la Sierra habían estado haciendo acequias por siglos, y sin instrumentos modernos. Un evento más serio fue el remplazo del puente en Chacapuente[230], en el camino a Circo. Llegó el diputado y las autoridades para inaugurarlo y pasar en una nueva camioneta del Gobierno y de *SINAMOS*. El puente, el diputado y la camioneta ¡se desplomaron juntos! Desde

---

[230] *Chaca, puente* en Quechua

esa   fecha   ¡el   sitio   se   llamaba
"*Chancapuente*"![231]

Aunque *la Reforma Agraria* en sí fue cosa
necesaria y loable, muchos de los campesinos
sufrieron hambre y destierro en la zona de
Abancay. *La Cooperativa Illanlla*[232] fracasó
por la soberbia de jóvenes ingenieros de la
Universidad Agraria de la Molina que
insistieron en que se sembraran frejoles fuera
de tiempo, a pesar de los consejos de los
campesinos. Brotó el frejol y se secó por
completo cuando el tiempo del agua de riego
pasó. Los ingenieros retornaron a Lima con
la camioneta de la cooperativa y los
agricultores se quedabaron adeudados al
Banco Agrario. Lotizaron luego *La
Cooperativa,* resultando en un *mini-fundismo.*
Uno de los hermanos[233] adquirió varios lotes

---

[231] *Chancar* idiomático por *quebrar*
[232] Hacienda en la subida a Abancay
[233] Hno. Simón Vivanco

abandonados y demostró el carácter del pequeño negociante peruano al persuadir a los choferes de volquetes llevando basura de la cuidad a desviarse y depositar sus cargas en las chacras como abono. Creció su maíz maravillosamente ¡en medio de bolsas plásticas, latas y trapos sucios! Pero, oí decir, que él, como muchos otros más, pasó a encontrar terrenos en la selva por Satipo *La Reforma Agraria* dio a luz a un surtido de maquinarias agrícolas enviadas desde los países comunistas y las agencias de "ayuda" internacional. No incluían los repuestos necesarios, y por lo tanto la *Cooperativa de Huayrapata* tenía que prestar llantas para su tractor chino de *La Hacienda Pincos*[234] a cambio de su arado inservible canadiense, y cosas por el estilo.

---

[234] Camino a Andahuaylas

Claro, la vida de campesino quechua de la hacienda no era en ningún momento "un jardín de flores", pero había dentro del sistema *hacienda* por lo menos una estabilidad laboral. Al construir el templo evangélico en Abancay, trabajando yo en asentar bloquetas con un hermano maloliente que me contaba que, al año, como peón en la hacienda, recibía un cambio de ropa para la fiesta patronal, dos sacos de maíz, su pan y queso a diario y todo el *trago* que deseara. Después de la *Reforma Agraria* se fue a trabajar en una ex-hacienda algodonera en la Costa por Nazca, pero regresó diciendo que la gente ¡*apestaba a chivo*!

En una visita en 1973 a *la hacienda Huayrapata* en la subida del *puente colonial de Pachachaca*, la casona se encontraba desierta, sin puertas ni ventanas, con el balcón artesanado llevado por leña. En los salones vi los vestigios de decoraciones y del cielo raso enyesado, quedando empolvados y tristes; sin embargo, en la sala de biblioteca, habían quedado montones de periódicos con fechas desde la década veinte, inútiles ya para peones saqueadores analfabetos. Afuera, los galpones habían quedado destechados, sin gente ni animales; la rueda del molino de seis metros o más, sin eje, y los campos de caña hasta abajo sin cultivo, ni gente. Era posible que *Sendero Luminoso* la utilizara como almacén de armas.

Como resultado de la *Reforma Agraria* muchas personas salieron de Apurímac a la ciudad de Lima o a la Costa. Fue el final de una era en la sierra de Apurímac, pero una apertura para el Evangelio de Cristo. Si uno estudia las cifras del crecimiento de la Iglesia quechua/quichua en los países andinos se nota la marcada relación entre las fechas de *las Reformas Agrarias* y el crecimiento de esa Iglesia. Don Gale[235] en Cochabamba me comentó que en *la Reforma Agraria* en Bolivia en 1952, los campesinos quechua pensaban que había llegado el fin del mundo y que en medio de esa angustia la gente encontró un nuevo "patrón" en el Señor Jesucristo.

Había, a la vez, libertad de pensamiento y de conducta después de las Reformas. Pero el enfoque del marxismo en las universidades iba a limitar las perspectivas de los estudiantes. Comentaba uno:

—*Nos hicieron un buen barco, pero no había mar en dónde navegar.*

Como los costos de viajar por avión desde los EEUU y de Europa habían bajado en forma significativa, las posibilidades de jóvenes "viajeros" de iglesias pudientes incrementaron. En esta época algunas

[235] op.cit.

misiones estaban "*montándose a la carreta*" con la idea de invitar a grupos de jóvenes de Europa y Norteamérica a los países andinos para probar la obra misionera, gozar del paisaje turístico, y ayudar en trabajos manuales de construcción y de ayuda social. Por mi parte mi interés en esa posibilidad se tornaba en el concepto de crear a "*Timoteos*", quienes podrían acompañar a los misioneros o líderes nacionales, en sus ministerios de la evangelización y de la enseñanza por unas semanas con miras no tanto a ayudar sino a recibir.

Iniciamos en la misión RBMU un programa que se titulaba, "*Proyecto Timoteo*" y en el primer año recibimos a varios jóvenes y señoritas para acompañarnos en nuestros ministerios. Nuestro programa tenía más estructura que en otras misiones: los estudiantes tenían que ser creyentes, recibir clases en castellano básico; aprender algo de la cultura y de la iglesia; tener tiempo con hermanos nacionales; poder dar su testimonio en castellano, etc. No íbamos a considerarles como meramente "manos extras" para construcción o para atender a niños en escuelas vacacionales o como un pretexto para poder visitar a *Macchu Picchu* u otros centros de "cultura turística". Como resultado, varios de ellos sintieron su llamamiento de servir luego a Dios en América Latina y en otras partes del mundo. Este modelo iba a esparcirse por todo el mundo e iba a llegar a ser parte de lo que hace *Enlace Latino,*[236] con sus posibilidades de servir a Dios en América Latina por meses o por tiempos más extendidos. Sin embargo se pone en el tapete la pregunta de si se puede

---

[236] *Enlace Latino* - una misión europea formada de la unión de parte de la RBMU y EUSA en la década de los 80-90

servir al Señor en un ministerio tipo serio y transcultural por un par de años, nada más.

Recibí una invitación a participar en *la Convención Anual del AIENOP* en San José de Sisa. Lo que me dio más gusto fueron las cartas de invitación[237], escritas a mano en quechua, enviadas por jóvenes quechuistas, quienes habían aprendido a leer y escribir en nuestros tiempos en el valle. Acepté con gusto la gentil invitación.

En agosto de ese año de 1973, los padres de Juanita nos visitaron en Abancay; una aventura, en ese entonces, para personas de Inglaterra, llegando a la edad setenta años.

---

[237] Cartas de Gustavo Fasabi, Alejandro Tuanama... un extracto: *Chaymanda parlachiqui cushiicuipuru cani ... chaynapi orapuicaiquichi cangunapa Diospa shutinbi - y por eso yo estoy hablándote con mucho gozo y estamos orando por todos Vds. en el nombre del Señor...* mayo y julio de 1973

Desde el principio de la obra en la zona, había enseñado la necesidad de diezmar en la iglesia y de depositar los fondos en una cuenta de ahorros. Como resultado, dentro de un par de años, la iglesia evangélica en Abancay tenía recursos suficientes para comprar un terreno en un barrio de la ciudad. Hubo debate entre todos sobre dónde ubicar el templo. Algunos pensaban comprar terreno o casa en las calles principales y otros en una zona de más tranquilidad. Al final, no tuvimos mucha opción por el costo de terrenos. Luego vino el asunto de la construcción. Como muchos de los hermanos eran artesanos y agricultores, decidimos construirlo nosotros mismos. Vimos que el costo principal era el techo y decidimos construirlo de tal forma que el ancho del templo quepase dentro del largo de los canalones de *Eternit* que podríamos conseguir por medio de don Teodosio y su *Comercial*

Andahuaylas. El diseño del templo resultó ser de treinta metros de largo y solamente cinco metros de ancho. Íbamos a hacer nuestras propias bloquetas de cemento de cascajo de la quebrada abajo, pero resultó que pudimos conseguirlos localmente, a un precio cómodo.

Entre seis a ocho familias cavamos las zanjas, echamos las bases, preparamos las columnas y collarín de acero contra sismos, la encofrada y vaciamos la mezcla. Evitamos los costos de arquitecto y de constructor y cuando no estábamos seguros de una u otra cosa, oramos y pedimos consejo de otros. Faltando maderas par la encofrada total, tuvimos que sacar la encofrada con el concreto "verde". Dios fue propicio y mandó las lluvias y el sol a tiempo y fuera de tiempo para curarlo bien. Llegó el día cuando los canelones de seis metros llegaron en camión de Lima y lo techamos en un solo día, parchándolos en dos o tres casos, por los daños ocurridos en tránsito. El costo de los canalones fue sufragado por una iglesia en Londres, pero la mano de obra, las paredes, fierros, puertas y ventanas provenían de la iglesia misma.

En esta época hubo un marcado incremento en el costo de la gasolina. Cuando antes viajábamos con veinte galones en el tanque y dos bidones de cincuenta atrás, llegó a ser imposible mantener semejantes viajes largos con la camioneta Chevrolet. La vendimos a un precio módico a un hermano en Cuzco y compramos un *VW Combi* de segunda mano en Andahuaylas. Nos servía mejor y podíamos llevar de ocho a doce personas o carga.

Al ir a Andahuaylas, tuve un choque con el camión del *"Gordo Vicente"*[238] de Andahuaylas y sus pasajeros en una curva. Él enderezó su guardafango y parachoque, y me dejó solo en el camino, sin luna, con los pedales de embrague y el acelerador averiados y con cortes en la cara y la mano. Pude finalmente regresar las tres horas de viaje a Abancay, como podía. Se quedó el *VW* abollado por el resto de su vida en la Sierra y en Lima. En otra oportunidad me quedé dormido en la subida del río a Abancay con mi colega Rubén Zarate. Nos

---

[238] Primo de don Teodosio Segura

despertamos con el *Combi* brincando como cabra por una chacra al lado de la pista. Dios fue propicio con nosotros.

En la primera parte de esa década de los setenta, la tensión entre Iglesia y misiones aumentaba. A primera vista, la tensión se trataba de asuntos doctrinales. Por un lado el advenimiento de *las teologías de la liberación*, por otro lado la interpretación *de los movimientos carismáticos;* ambos jugaban un papel preponderante en las mentes de muchos. Sin embargo, tuve yo la sospecha de que el asunto de tensión tenía otros matices más profundos. Estaban surgiendo las preguntas entre muchos en las Iglesia y en las misiones,

«*¿Quién soy yo?* »

y

«*¿Cuál es mi lugar en el quehacer de Dios?*»

Antes de *la Reforma Agraria* la sociedad era bastante estática, en clases sociales y en geografía. América Latina estaba abriéndose a muchas nuevas experiencias e influencias. Los líderes de las pequeñas denominaciones evangélicas, de poco a poco, se dieron cuenta de que no todo lo que recibieron de las misiones era "*inspirado*" y que ser evangélico significaba que uno podría hacer preguntas sobre sí mismo y sobre otros.

Era la era de "*la sospecha*". En primer lugar, con el marxismo imperante, el aumento de estudiantes y universitarios evangélicos parecía como un desafío al "*fiat*" de una generación de misiones y misioneros cuyo sistema de enseñanza y doctrina era "recibida" y estática, aunque a veces sin saber por qué. En segundo lugar, había una generación de misioneros que provenían de una nueva era en Europa y los EEUU, la de *los sesenta*, con la libertad de expresión sexual, musical, y con una profunda influencia de la radio y la TV. De en medio de esta nueva cultura, florecía la expresión del *carismatismo*, con nueva música, nuevas expresiones de la articulación de la Fe, por lenguas, por profecías, por la libertad de sentir que cada creyente tenía *algo para dar* y no solamente para recibir. Este nuevo creer y pensar afectó a nuestra misión de tal manera que provocó una desarticulación de ella y un desenlace fatal.

Viendo que muchos creyentes de San Martín y de la Sierra estaban llegando a los nuevos *Pueblos Jóvenes* en la periferia de Lima, había surgido la idea que nuestra misión estableciese iglesias en el área de Lima. Aquí también hubo desacuerdos. O, establecer iglesias vinculados con los grupos actuales presentes, como la IEP o la ACYM, o formar iglesias "independientes". Los misioneros de los EEUU y Canadá y los de una perspectiva independiente bautista insistían en que se formase un grupo de *Iglesias Bíblicas Independientes* para asegurarse que el control eclesiástico y doctrinal[239] quedara en las manos de las misiones y no de las denominaciones presentes. Tal era la sospecha y "*el temor de los -ismos*", cosa que Juan Ritchie[240] había pronosticado hacía cincuenta años - como *el comunismo, el catolicismo, el pentecostalismo y el nacionalismo* -, que esas misiones y misioneros aparentemente no podían confiar en la Iglesia evangélica nacional, ni en el Espíritu de Dios en ella.

---

[239] Recuerdo que en el debate que uno dijo: —*Antes de comenzar la obra tenemos que preparar una declaración de Fe y los estatutos de la Iglesia de acuerdo con nuestras iglesias en el exterior*

[240] Escocés y uno de los pioneros en la formación de la Iglesia Evangélica Peruana, 1906-1952

A fines de 1973, la obra fue establecida en Antabamba; en Chalhuanca se detuvo un poco la obra por la salida de las misioneras Flack y Hellens, por motivos de enfermedades y un robo de las bancas y del dinero de la pequeña iglesia naciente por un "hermano". En Abancay, la iglesia creció a un grupo de setenta personas. Nuestro pesar fue que la provincia de Cotabambas, a unos 350 km de Abancay, seguía sin ministerio. Habíamos recorrido más de 35,000 km en el año, tratando de visitar y proveer por la zona, visitando grupos aislados en forma regular en *Pampachiri, San Juan de Chacña, Sarayca* y otros lugares. La misión proveyó ocho mil soles para gasolina y mantenimiento y nosotros por fe, como familia, los otros treintaidos mil. Cristóbal había hecho un buen ministerio en la venta de literatura evangélica y Biblias, más de veinticinco mil soles, a través de los proveedores de las *Sociedades Bíblicas, Casa Bautista* y *la Librería El Inca.*

Durante este año la relación entre la parte de la misión en la Sierra y la IEP mejoró. Ellos decían:

—*Bienvenido, hermano misionero, no para gobernar sino para enseñar.*

Vimos la necesidad de vivir lo que predicamos, la necesidad para más diálogo, la necesidad de entregar puestos de autoridad a la iglesia, la necesidad de estar en sus zapatos... Llegamos a entender que el enfoque de la misión EUSA/UNEP era algo distinto al nuestro.

En los contactos con la misión AMEN y al hablar en su Conferencia Anual, traté de ayudarles en su estructura y su administración. Pero surgía la pregunta, «¿*Es una sociedad misionera nacional una mera extensión o repetición de la foránea?»* Al final de cuentas, *«¿Es una misión nacional un parche para una Iglesia que no es misionera?»*

Personalmente me sentía poco equipado para el evangelismo directo que se necesitaba en la zona de Apurímac. El Señor me había utilizado como eslabón en la cadena de establecer las iglesias, pero no como punta de lanza. Sería mejor regresar de nuestro año de licencia a un ministerio de enseñanza. Finalizando mis investigaciones para el Ph.D. ese año, anhelaba incursionar en el área de la Misiología, un término un tanto "*tóxico*" todavía en 1973.

Mientras que estábamos en Apurímac era obvio que estábamos rodeados de rasgos de la cultura incaica y pre-incaica. Yo tenía la idea de registrar los hallazgos de sitios para la

Pontificia Universidad Católica del Perú, porque al visitar los pequeños pueblos nos hablaban de cuevas con pinturas rupestres, de chullpas, de ruinas, "tapados", etc. También en el hablar del Evangelio brotaba *la religiosidad popular* y una *cosmovisión andina* muy distinta al de la nor-oriente y de la cosmovisión *misti*. Sin emitir prejuicios, ni hablar tanto de un evangelio dado, presté atención al mundo religioso de la naturaleza, de su Dios vinculado con los cerros, los ríos, las rocas, la lluvia, el trueno, el relámpago, el arco iris y las estrellas; su Dios vinculado con los animales y la tierra; su Dios y los intermediarios los chamanes (*paqos,*); al final, toda una manera de percibir la realidad kilométricamente distanciada de la teología y el mensaje aprendidos en los seminarios occidentales de Europa y los EEUU.

Me di cuenta de cómo, en momentos de angustia, enfermedad, sequía o inundaciones, y ritos de pasaje de la vida, los que habían aceptado a Cristo volvían a su antiguo modo de vivir y pensar[241]. Un día en un culto en Abancay, dije que si alguien estaba confiando en un *ihuayllu* para la procreación de sus animales, que me lo entregara y que en cambio, con la iglesia, oráramos a Dios por sus animales. En la tarde vino un anciano de la iglesia, miembro por muchos años, y me entregó la piedrita que había pertenecido a su padre y a sus abuelos. Me abrazó y dijo:

—*Nadies me han dicho esto de Dios.*

Me dio la valentía de seguir con los estudios e investigaciones que al final formaban parte de mi tesis.

,,,,,,,,,,,,,,,,,,,,,,,,,,,,,,,,,,,,,,,

---

[241] ¡Fue el mismo comentario de José de Acosta en su *De Procuranda* en el siglo XVI sobre la evangelización católica!

1974 - AÑO DE LICENCIA NÚMERO DOS

En abril de 1974 enrumbamos viaje nuevamente a Escocia, por la ruta de los EEUU. Pasamos en avión a Detroit para encontrarnos con Grace Forgrave e ir a su casa en Rudyard en Michigan. De allí, pasamos en carro por Soo Locks a Canadá y a la casa de la misión en Toronto. El director en Canadá y su esposa nos atendieron bien y de allí volamos a Escocia directo con *Laker Airways*. En la cabina entró el famoso irlandés el Rev. Ian Paisley con su posición político/protestante antagónica. Aproveché para saludarle en el vuelo, mencionando que habíamos servido al Señor por varios años en el Perú, pensando que podríamos tener una conversación amena sobre la obra de Dios. Me miró, secamente, y me preguntó:

—*¿Cuál es la relación de la Misión suya con el Consejo Mundial de Iglesias?*

No creo que entendamos ahora esas divisiones tan marcadas en ese entonces entre "liberales" y "fundamentalistas". Al regresar al Perú fui considerado por algunos en nuestra misión como "neo-evangélico" por el mero hecho de recibir la revista del CMI[242] sobre misión.

—*Es una producción comunista* — comentaba un colega.

—*¡Se nota por el color de su carátula!*

La nueva revista "Missiology" era sospechosa por tener artículos escritos por "liberales" y hasta por católicos.

---

[242] *Consejo Mundial de Iglesias* (WCC)

Nuestro año de licencia estaba repleto de reuniones en iglesias, atención familiar, estudios esforzados en las bibliotecas de la *British Library*, *St. Andrews*, *New College*, etc. Mi asesora de tesis era experta en medievalismo y no me ayudó en absoluto[243] en las áreas de la antropología cultural y la religiosidad popular que necesitaba. Dos familiares, incrédulos, me obsequiaron un libro del famoso sociólogo de Oxford, Bryan R. Wilson, con miras a despistarme de la vida cristiana, pero que resultó ser ¡clave para el entendimiento de la religiosidad popular! Me senté día tras día leyendo, escribiendo a máquina, mirando por la ventana de la Universidad hacia el Mar Norte y al castillo donde predicó Juan Knox[244] y pasando por el lugar donde otros héroes como Patricio

---

[243] Íbamos a comprobar esto en los casos de Ken Scott, Miguel Ángel Palomino y Samuel Cueva en sus programas doctorales - que muchos de los catedráticos no eran expertos en AL
[244] 1514-1572, reformador protestante

Hamilton[245], y Jorge Wishart[246] fueron quemados en autos-da-fe en San Andrés. Nuestros niños rendían bien en la escuela local, fruto de la enseñanza y cuidado de Juanita en sus años como maestra de ellos en casa.

Fui invitado a la vez a ir por seis semanas a los EEUU para "*tocar la campana para RBMU*" en varios seminarios e institutos de preparación misionera[247]. En esta época llevaba patillas largas, no solamente para estar de moda, sino para distinguirme de los sacerdotes en la Sierra sur, la mayoría de ellos usaba barba. Recibí una nota de la Misión en Filadelfia, al recibir mi foto para la publicidad, diciendo que sería "inaceptable"

---

[245] 1504-1528, primer mártir de la Reforma Protestante en Escocia

[246] 1513-1546, reformador protestante

[247] Capital Seminary, Maryland; Appalachian Bible Seminary, W. Virginia; SE Seminary, Birmingham, Alabama; Colombia BC, S. Carolina;Toccoa Falls BC, Georgia; Miami Christian Uni.; Clearwater CC, Florida; Philadephia BC; Lancaster BC e iglesias de la región

en unos de los seminarios por ¡ser misionero con patillas! Por los hermanos débiles, me vestí de corbata, con cara afeitada.

Visité varios lugares en las Carolinas, Tennessee, Georgia y Alabama; mundos nuevos para mí. Me di cuenta cuán grandes eran las distancias culturales entre sus mundos y los del Perú, sin embargo, notaba un vivo deseo en muchos de los estudiantes de servir al Señor con todo su ser, cosa que no había visto en los centros visitados en Gran Bretaña. En los primeros tres meses viajé más de veinte mil kilómetros en Gran Bretaña, fuera de casa, en iglesias, institutos o la universidad.

A nuestro regreso al Perú, los cuatro niños ahora entre las edades de cinco a diez años anhelaban ver a *Disney World*. Alquilamos un coche en Miami, dando lugar a dos nuevas experiencias: manejar una novedosa *tarjeta de crédito* y manejar un carro automático de lujo. Casi nos accidentamos a la salida del parqueo, al frenar en "seco" ¡pensando que era el pedal de embrague! Nos hospedamos en el *D&D hogar de misioneros* en St. Petersburg, Florida. Nos atendieron con esmero. Tenían mucha ropa de segunda mano para misioneros "pobres", a cambio de una firma para confirmar que uno era premileniarista y pretribulacionista. Alison, nuestra mayor, recibió ropa fuera de moda y nunca la usó. Allí encontramos la familia Moffett, de vacaciones desde San Martín, y fue un gozo estar con ellos.

Fue el inicio de la era de "*La aldea global*". Para mí, McGavern en su libro de 1972, titulado "*Crucial Issues in Mission Tomorrow*", no era suficiente radical en su pensamiento. Dije, en una carta[248] a los directores de la Misión:

—*Ninguno de nosotros, sin una visión profética de Dios, osa pronosticar la situación política, económica, social y religiosa en lugares como Apurímac en los años venideros. La contribución que se pueda dar al Perú es la enseñanza de la Palabra de Dios y la preparación de un corpus de materiales a nivel nacional, juntamente con la preparación de un equipo nacional para el avance del Evangelio.*

En 1975, Europa dejó *una cultura de nostalgia* por *un mundo de "sentir"*, y el Evangelio y las iglesias iban a virar de la verdad bíblica y los tiempos idos, hacia el *"sentir en el alma"*, la revelación directa, y la adoración y alabanza como polo céntrico en el culto, en lugar de la Palabra. Había llegado

---

[248] Carta en archivo NLS/BNE mayo de 1975

la era de los OVNIs, la *gran Pirámide*, las "*caídas en espíritu*" y aun Billy Graham iba a publicar sobre "*los ángeles*". Llegó el tiempo de "¡ *no pensar con el hígado, sino pensar con el corazón!*"

Había visto también que en las cooperativas en la Sierra, que los evangélicos comenzaban a ser invitados a ser dirigentes, por su honestidad y estilo de vida. Esta fue una señal de un evangelio de sal, luz y levadura en el mundo; pero un peligro a la vez, porque la Iglesia en esa época no había desarrollado una teología coherente en áreas como la macro-economía y la transformación socio-económica y política. Seis años después, cuando enseñaba en una escuela dominical en la Union Church, Lima (inglés hablante), sobre *Macro-economía y el Evangelio* fui considerado yo, como súper sospechoso. Por el incremento en la educación sobre el marxismo, en el colegio y la universidad, hubo una necesidad que los misioneros aprendan algo sobre esa filosofía. Hubo una creciente sospecha por parte del Gobierno y la población en general que los misioneros extranjeros estaban involucrados con el sistema capitalista y derechista, y, en el peor de los casos, que eran agentes de la CIA. De todos los muchos misioneros que conocía en esa época, solamente puedo pensar en uno que tal vez podría haber estado en semejante relación. Sin embargo, en un viaje a un caserío remoto en Apurímac con Cristóbal Papworth, en 1975, a una boda que duraba tres días, un borracho, notando su máquina fotográfica, nos dijo:

—¡*Vds. están tomando fotos del campo para mandar cohetes a destruirnos*[249]!

---

[249] Tomaba personalmente muy pocas fotos, viéndolas como una invasión de la privacidad de las personas.
Desgraciadamente, fotos de la gente de los campos de misión aparecían en revistas misioneras y de ayuda social, sin que ellos lo supieran.

También las misiones y los misioneros comenzaron a sufrir una marginalización en áreas como ayudar en programas de alfabetismo, educación popular y de salud, por un incremento de participación del Gobierno en estas áreas.

....

1975 - DE CAMPO A CIUDAD

Habiendo regresado al Perú en junio de 1975, subimos de nuevo a Apurímac. En los cuatro años en las provincias de Abancay, y Antabamba, el número de miembros bautizados por inmersión había incrementado de 4 a 17; la comunidad cristiana evangélica de la zona había crecido a unas 60 personas; hermanos/as laicos visitando iglesias a seis.

No parecía un gran avance, pero por la gracia de Dios marcó progreso.

La única copia, a máquina de escribir de mi tesis doctoral, entregada a manos de una mecanógrafa, en la universidad de St. Andrews ¡había desaparecido! Después de varios intentos de mis padres de ubicarla, resultó que la mecanógrafa se había suicidado, y mis papeles y sus gatos se encontraban entremezclados en su casita. Recogieron mi trabajo mis padres y fue presentado al final a la Universidad. Tuve la invitación de ir a una *Conferencia Internacional de la Misión* en Londres y fui para sustentar la tesis[250] a la vez. Aquella misma tarde de llegada, después del vuelo directo desde Perú, desvelado y despistado, tuve la "viva-voces" y por la gracia de Dios

---

[250] Los integrantes del jurado: Prof. Douglas Gifford, Prof. Andrew Walls, Magister Leslie Hoggarth

fui aceptado con una mínima de ajustes. Decidí que debería traducirla al castellano como deudor a mis informantes e insté que otros investigadores vinculados con SEL/CEMAA hicieran lo mismo.[251]

En abril de 1976 nuestros hijos mayores, Alison y John, comenzaron sus estudios en el colegio en Lima[252]. Fue un paso de fe para todos nosotros; los demás de la familia nos quedamos en Apurímac. Vivían ellos, con otros de la misión EUSA, arriba de la *Librería el Inca*. Recibimos cartas[253] de cuando en cuando y les extrañamos mucho.

---

[251] La tesis doctoral del Dr. Ken Scott sobre *Los Israelitas del Nuevo Pacto* fue publicada en castellano

[252] Becados en San Silvestre y Markham en Miraflores

[253] P.ej. *Queridos padres:... hubo un incendio grande al frente en Jr. Pachitea.... besos ,Ali xox. Mamá y Papá... empujamos a Timoteo Ford en la piscina, me resbalé y entré al agua, era muy profunda, Simón me sacó. Mi ropa estaba mojada... P.D. Les amo muchísimo P.P.D No estoy refriado X John*

Luego, enseñé en dos oportunidades en Talavera[254] en el *Instituto Bíblico,* por tres semanas en cada oportunidad. Al regresar en mayo de Andahuaylas, me enfermé con *mononucleosis* y tuve que internarme en la clínica evangélica en Urcos. En Agosto, pasé dos semanas de visita al valle Sisa, San Martín, en una *Conferencia sobre la Traducción del NT Quechua* y visitas con los hermanos.

Durante esta época, el país pasó por una desvalorización de la moneda de alrededor del 40%. Paulatinamente apareció el fenómeno de los "*cambistas*", aun en las esquinas de la ciudad pequeña de Abancay, y en todas las otras ciudades del Perú. El gobierno restringía el número de *visas de residencia* para misioneros protestantes,

---

[254] Hay un dicho mío- ¡No hay sitio peor que Talavera, salvo Talavera en la lluvia! Los perros en Talavera me mordían en dos oportunidades, pero la gente son buena.

permitiendo solamente el canje de un saliente con un entrante. El ILV[255] estaba en una situación de riesgo de expulsión y esto resultó en cambios de operación para el bien de los llamados "*helpers*" nacionales de traducción. Tengo la sospecha de que la ACYM[256], con la imposibilidad de sacar los bienes del contratista agricultor evangélico[257] de la selva y los edificios de la misión en Lima, comenzó a pasar los edificios y el poder a las manos de los hermanos nacionales. Esto resultó en una ayuda parcial para la construcción de los edificios de las iglesias ACYM en Lince y en la Avenida Brasil.

En setiembre de 1976, recibimos la noticia de que nuestra misión había recibido una invitación de parte del *Seminario Evangélico de Lima*[258] para que yo fuese a enseñar en el

---

[255] ibid.
[256] ibid.
[257] Roy Le Tourneau

programa de bachillerato en las áreas de *Biblia, Historia de la Iglesia* y *Antropología Cultural*, con referencia al crecimiento de la Iglesia en América Latina. La misión aceptó el pedido y nosotros planeamos nuestro traslado a la ciudad de Lima.

En junio había escrito un documento titulado "*Los Dos Caminos*"[259] a todos los misioneros y los directores de las oficinas de la misión (RBMU) en Londres, Filadelfia y Toronto. En resumen, el documento llamó la atención de todos: que el futuro de la misión RBMU misma estaba en juego. De los dos caminos trazados en el documento, uno era de acatar la decisión sobre *lenguas* y *el movimiento carismático,* aprobada en los EEUU y Londres en las reuniones de inicio[260], con su cierta latitud de parte de ambos partidos,

---

[258] Av. La Molina
[259] 3pp oficio
[260] Comenzó a eso de 1972

dejando que RBMU continuara como una misión interdenominacional, internacional e evangélica; o el otro camino era el de la separación de concilios, campos de trabajo y áreas del mundo - unos libres del carismatismo y lenguas, y otros con la libertad de usar el don de lenguas y practicarlo bíblicamente.

Hubo dolor del alma en ambas bandas. Por una parte, "los anti", creían que ciertos dones mencionados en el Nuevo Testamento desaparecieron después del tiempo de la Iglesia primitiva. Pero el dolor en ellos concordaba con el temor del llamado "*libro negro*" en los EEUU y en Canadá, una "lista negra" de misiones sin "*sana doctrina*", no-aceptadas para hablar en las escuelas de preparación misionera y tampoco en las iglesias evangélicas de visión misionera; en fin, entidades que de un momento a otro podrían cortar el sostén de su misionero/a quien tuviera asociación con el pentecostalismo. Por otra parte, había unos cuantos en la otro bando que se jactaban de sus dones y ministerios en desmedro de sus colegas menos carismáticos.

Llegó la *Conferencia Anual* de 1976[261]. Fui nombrado como el *Director de la Misión* y elegido como tal. Se acordó allí vender toda la propiedad en Lamas, después sus cuarenta años de presencia. Hubo un informe que el manejo de la imprenta[262] establecida en Lima por Cooper Battle iba a pasar a hermanos nacionales, dejando las publicaciones en manos de la misión[263] Los documentos[264]

---

[261] 25 nov - dic 1 1976, en Santa Eulalia
[262] Una visión que seguía la de Ritchie en la segunda década del siglo XX
[263] Judith Hymer de Inglaterra llegó a ayudar de secretaria
[264] El documento mío; "*Statement of the US Council on the Glossolalia Situation June, 1976; Statement of the British Council of the RBMU on the Glossolalia question* s/f

sobre *el futuro de la Misión* quedarían para una decisión final en febrero de 1977.

Para facilitar el traslado del resto de nuestra familia a Lima, los misioneros Turner[265] de la misión EUSA nos informaron que había una casa de quinta en alquiler en la calle Porta en Miraflores, al lado de la suya. Era el principio de una vida y ministerios distintos para nosotros.

....

1977 - NUEVOS HORIZONTES

En 1977, ser Director de la Misión y nuevo profesor en el Seminario de Lima; tener nuevos vínculos más estrechos con la vida y la iglesia urbanas, los hijos en escuela y colegio, y una cultura distinta limeña y

---

[265] Alan y Eva Turner que vinieron al Perú unos meses antes de nosotros con la EUSA en 1964

costeña a la cual enfrentarnos; fue un desafío práctico y espiritual. Al ir al *Banco de la Nación* en Miraflores para hacer un primer trámite, mi hija de trece años me acompañó, y habiendo estado en Lima un año más que yo. Me dijo,

Papá, yo voy a hablar en el banco por ti.

Por qué —le pregunté con sorpresa.

¡Porque tú tienes "dejo" de serrano!

Para avergonzarla más, hablé como quechuista, cambiando mis vocales y énfasis de palabra.

—*¡Siñureta, keru cambiar istus dolóres!*

En mi primera carta[266] a la Directiva en Londres[267] escribí:

Estoy seguro de que hay una tarea de actividad y presencia para una misión de

---

[266] Dic. 31, 1976 3pp folio

[267] El nuevo secretario executivo, Geoff Larcombe, condiscípulo de *London Bible College*

carácter interdenominacional, internacional y evangélica en el mundo de hoy ... Vamos adelante, y afilar nuestras metas y ampliar nuestra visión en pro de América Latina, tanto urbana como rural; confiar en el Señor al llamar a otros a la mies; confiar en el Señor para los recursos económicos y seguir en la oración ... Me gustaría tener una secretaria, mi ortografía es pésima, y si la tuviera, escribiría un par de libros en castellano; pero sin ayuda, nada que ver... Creo que las misiones EUSA y la MAE podrían unirse en esta visión... El crecimiento y desarrollo de la Iglesia tiene que brotar de lo que hay en la tierra, no se puede reinventar la rueda ni comenzar de fojas cero... Aunque estoy luchando para mantener la unidad de propósito, - porque de dividirnos dentro del Perú tiene que lastimar las relaciones iglesia/misión -, es difícil para los norteamericanos entender el término 'interdenominacional'. Para ellos quiere decir grupos fundamentalistas, separatistas, non-glossolalias p.ej. Bautistas independientes, Evangelical Free, etc.,... Además estoy luchando por las necesidades de todo el grupo, unos veinticinco misioneros en Apurímac, Cuzco, Amazonas, Lima y San Martín.

Inicié una serie de informes que se llamaba "*Mac's Monthly*'[268] como modo de informar y ayudar en la oración mutua en todo el equipo misionero de lo que estaba pasando en todos los áreas del Perú, juntamente con una reflexión de la situación en general.

Durante el curso del año, el desenlace final ocurrió entre los norteamericanos y la mayoría de los británicos. Asistí a las

---

[268] De 1977-1986 seguía escribiendo mensualmente. Para la lista véase Registro de Fólderes ISBN-871609-33-X p19 y el archivo en BNE/NLS, Edimburgo. Hubo unos escritos por Ken Scott en mis años de licencia. Iba a parar al salir yo de la misión RBMU y llegar a ser *Macresearch* en 1986

Reuniones de los Concilios en Londres y en Filadelfia[269]. En Filadelfia conocí por primera vez al Dr. Harvey Conn[270] quien me ayudó enviándome libros y consejos sobre la TL y *Contextualización* a lo largo de los años. En el curso de las conferencias oí como Dios había bendecido a la misión en Nepal[271], Zaire[272] e Indonesia[273]. Después de mucha angustia, fue acordado que nuevos misioneros/as de Australia y N. América serían enviados a lugares sin la práctica de "lenguas" y que la administración y obra en el Perú sería dividida en áreas - San Martín a los del EEUU; Amazonas y Apurímac a Gran Bretaña y en Lima, Gran Bretaña trabajaría con la IEP y el SEL; los norteamericanos

---

[269] Asistí al *Seminario de Westminster* donde llegué a conocer a mi futuro rector, Dr. Héctor Pina.

[270] *Westminster Theological Seminary*

[271] 4,000 nuevos creyentes desde la entrada por RBMU en 1965

[272] Anteriormente *The Congo Balolo Mission*, en 1876 murieron los primeros misioneros en sus primeros seis meses de servicio

[273] Personas como Don Richardson, autor del "*Hijo de Paz*"

formarían una nueva denominación de *Iglesias Bíblicas Libres*.

Escribí en MM, dic.1977:

No vale la pena darnos úlceras con las decisiones hechas. No hubo vuelta que dar. No hubo opción fácil. Hay que dar gracias a Dios por todo lo que se hizo en el pasado y confiar en El por lo que viene... El meollo del acuerdo de la conferencia internacional es: "Cualquier campo de trabajo en el mundo donde laboran misioneros de la misión norteamericana sea no-glossolalia y tampoco recibirá a misioneros/as de este modo de creer.

Todo este acuerdo iba a ser ratificado en la *Conferencia Anual de la Misión* en enero de 1978.

En junio iba a escribir:

Dadas la dificultad de conseguir visas y aumentar el número de misioneros/as en el Perú y la falta de posibilidad de abrir una obra en Colombia o Ecuador, la necesidad urgente y álgida es la ayuda y la preparación de la Iglesia nacional en todas sus facetas. Tenemos que multiplicarnos en nuestros hermanos nacionales. Es otra clase de misión misionera. De repente debemos pensar en publicar una revista evangélica nacional.[274]

En setiembre de 1977, Roberto Hamilton, ahora asociado con la NARMBU[275] anunció que habían iniciado obras independientes con hermanos nacionales en Musa, San Felipe, Comas, Maranga, San Miguel y en el residencial "San Felipe", con la ayuda de los misioneros Moffett, Battle y Parlane[276].

---

[274] No progresó por parte nuestra, sin embargo pude contribuir a revistas nuevas de otros en la década de los 90
[275] NARBMU - Los del grupo norteamericano
[276] Recién llegados, que iban a pasar luego a Chile con los Hamilton y repetir el proceso

Comencé a enseñar en el SEL en abril de 1977 con una clase de *Historia de la Iglesia* con cincuenta y cinco estudiantes[277]. Era un paso nuevo para mí. Había pasado por *la Historia de Iglesia 0-500 CE* en LBC[278], pero ahora me tocaba enseñar cursos *0-500 AC* y *la Reforma.* En cuanto a recursos, el libro de texto de historia era una traducción del inglés y incluía a los adventistas y a los pentecostales ¡en un apéndice de "sectas"![279] Era cuestión entonces de re-estructurar el programa.

Decidí dividir el programa en cuatro módulos: *0-500CE,* para tratar con el avance del Cristianismo y las herejías principales; *La edad medieval* 1200-1600, para hacer una

---

[277] Este curso había sido enseñado por Juan MacPherson, un hábil misionero, de la *Iglesia Libre de Escocia* y director interino del SEL; salió del país en '76
[278] ibid.
[279] ¿Harburt y Flower?

comparación/contraste con la cosmovisión de esos siglos y ahora en AL; *La Reforma,* pero incluyendo *la Contra-reforma* que en efecto jugaba un papel más preponderante en la vida de AL; y al final, cosa nueva y novedosa, ¡*la Historia de la Iglesia en América Latina*! Buscaba fuentes por doquier, y para Martín Lutero, decidí utilizar una fuente católica[280], en vez de evangélica, para mostrar una óptica más latina. Para el fin del año, había recopilado los eventos más sobresalientes de los 500 años y los publicamos. Hubo cambios en la vida misionera. Una misionera irlandesa sufrió una crisis nerviosa y tuvo que salir del país. Los misioneros Anita Howe y Cristóbal Papworth se casaron en marzo y tuve el privilegio de conducir la ceremonia religiosa; luego, ellos anunciaron su retiro[281].

---

[280] Los dos tomos de Mario Villoslada SJ. Interesante que ¡su obra no recibió el *Nihil Obstat* de la Iglesia Católica!
[281] Seguían trabajando juntos fielmente con la misión Operación Movilización

Tuvimos una visita de nuevo de los padres de Juanita, del director de la misión de Gran Bretaña, y las visitas continuas de unos jóvenes y señoritas de las iglesias IEP y ACYM buscando consejería matrimonial, amistad y ¡los pasteles de Juanita! En la búsqueda de una iglesia local me sentí comprometido a seguir afiliándome con la Iglesia IEP, su congregación de Maranatha y sus ministerios, y nuestros hijos Alison y John seguían en el grupo de jóvenes de esa iglesia. Por el hecho de que estaba fuera por mucho tiempo atendiendo los afanes de la Misión, decidimos que Juanita y nuestras dos hijas menores, Rut y Raquel asistirían a una nueva iglesia hija local de la ACYM de Lince, que se reunía en una quinta a dos cuadras de la casa. Iba a ser un paso importante en nuestras vidas y ministerios, porque sellaba un concepto nuestro de ser testimonio en nuestro propio barrio y abrir vínculos estrechos con jóvenes[282] de la ACYM que iban a llegar a ser los futuros líderes de esta agrupación. Yo también iba a participar en las salidas misioneras de la Iglesia Maranatha en su visitas[283] a Musa y a Puente Piedra los domingos en la tarde. 1977 vió la formación de una entidad que iba a jugar un papel preponderante en la vida de la Iglesia en la sierra y selva de los países andinos. Se tituló *CEMA, Centro Evangélico de la Misiología Andino* pero más tarde llegó a ser *CEMAA*[284] con la incorporación también del mundo amazónico en su quehacer. Sus objetivos*: 1) cooperación con la Iglesia andino/amazónica, impulsando el estudio, la reflexión y la evangelización de los pueblos*

---

[282] Personas como Miguel Ángel Palomino de FATELA; Javier Cortázar, pastor del ACYM de la Molina; Jorge Bazo, misionero a España; y muchos más

[283] Maranatha tenía 16 anexos en esos tiempos

[284] En 1981 llegó a ser CEMAA con el Presidente Victor Arroyo, Vice Presidente Samuel Escobar, Secretario Rubén (Tito) Paredes, Tesorera Esther Morales, vocales Ezequiel Romero y Estuardo McIntosh

vernáculos y desarrollar un ministerio efectivo de comunicación entre ellos; 2) Organizar, coordinar y estimular reuniones de líderes vernáculos, con el objeto de reflexionar sobre la proclamación efectiva del Evangelio en sus contextos; 3) Contribuir a la creación y actitud de apertura y respeto mutuo entre iglesias hispano hablantes y vernáculo hablantes 4)Desarrollar proyectos de investigación socio-religiosa 5) Participar en proyectos socio- económicos.

....

1978 - AÑO ANDINO

En 1978 sufrimos la primera muerte de un adulto misionero, norteamericano, director del *Instituto Bíblico en Morales*, San Martín, Andrés Stancliffe[285], en un accidente de tránsito con su moto con un volquete en la plaza de Tarapoto, San Martín. Su hijo mayor estaba en Lima y junto con Roberto Hamilton, irlandés, fuimos a llevarle por avión a Tarapoto, sin saber por qué. ¿Qué decirle? Volando en el sol y entre las nubes blancas, encima de la sierra por Chachapoyas, me preguntó si iba a ver a su papá. Dije:

No, pero mira por la ventana y ¿ves la tierra, estas nubes blancas y el cielo azul?, tu papi ha muerto y está más arriba aun de nosotros ahora, con Jesús.

El chico respondió: —*El Cielo a donde él ha ido debe ser muy, muy hermoso...*

La muchedumbre de 800-1000 personas se desbordaba en Tarapoto en el culto de velorio cantando y testimoniando[286] y siguiendo el

---

[285] Andrés Stancliffe RBMU nacido 1938, murió marzo 30, 11.30 am, 1978. Llegó al Perú en 1   970 con su esposa Earline en cinta y sus hijos Juan Marcos (8) y Estéban (4). Trabajaban en Amazonas antes de pasar a San Martín.
[286] Oswaldo Fernández G. el vice-rector del Instituto, don

ataúd al panteón, donde me parecía imposible llevar a cabo una despedida digna[287]. Hice lo que pude y el siguiente día regresamos a Lima con la familia de Andrés. Surgió la pregunta no tanto sobre cómo se pasó el accidente, sino más, ¿Por qué le pasó? El Día final lo declarará.

En agosto de 1978 tuve el privilegio de participar en dos reuniones que llegarían a hacer grandes cambios en el papel de la Iglesia evangélica en los países andinos. La iglesia quechua/quichua estaba creciendo en todos los países andinos[288] y *Partnership in Mission* coordinó una reunión en el Perú,[289] liderado por Rubén Tito Paredes, peruano y

Vicente Coral el pastor vitalicio de Lamas, Juan Ruíz, presbiteriano, entre otros

[287] Encontré un hermano quechua, antes del valle Sisa, ahora cavando sepulcros, borracho y sin hogar producto del desalojo del campo por los narcos

[288] 225 iglesias en el sur andino, 37 en el Centro, 65 en Huancavelica, 17 en Ancash, Ayacucho 65 Presbiteriano y 95 Asambleas de Dios, etc.

[289] En Chupaca, Huancayo por tres días

candidato doctoral de Antropología en California, miembro de la IEP, para líderes en la obra quechua/quichua[290]. Con tino, Tito separó allí a los más locuaces - los misioneros y los mistis - para dejar espacio a los quechuas mismos para expresar sus pensamientos y necesidades sentidas en cuanto a traducción de la Biblia, la himnología, el alfabetismo, los programas de enseñanza, evangelismo, medecina popular, entre otros. Hubo líderes de muchas denominaciones y de países. Jamás había estado yo en reuniones donde los quechuas se conversaban tan abiertamente en quechua y en castellano y aquí, delante de mis ojos, veía los sueños del IQLOC[291] fracasado, ya realizados y las oraciones de los años contestadas. Se formó allí un *Comité quechua/quichua* y Tito, su servidor y Esther

---

[290] Las dos formas respetan el modo de hablar en Perú/Bolivia y Ecuador

[291] op.cit.

Morales[292] llegamos a ser coordinadores del comité que tenía miembros quechuas de varias denominaciones evangélicas.

Entre las conclusiones: hay un papel para misionero/as y mistis, si son serios en el uso del idioma y llegan a entender la cultura andina; y Huancavelica es el área más necesitada.

La otra reunión fue entre las entidades[293] nacionales presentes: AMEN, POS, *Segadores de la Cosecha* y la directiva de CEMAA, y de SEL, con miras a forjar una *Escuela Misiológica Nacional.* Surgió por la necesidad sentida de mejorar el entrenamiento de misioneros/as nacionales,

---

[292] miembro peruana de la ILV
[293] *Asociación Misionera Evangélica Nacional* con sede en Huancayo; POS traductores nacionales del ILV; Segadores.. una misión de evangelismo liderado por Pedro Hocking, peruano, cuyos padres norteamericanos eran los primeros en la evangelización en Pucallpa, Seminario Evangélica de Lima, rector Dr. Héctor Pina

tanto en su ministerio dentro como fuera del país.

La Iglesia en el Perú había llegada a reconocer, de nuevo, su vocación de ser misionera. Manifestaba la necesidad de cursos en *Misiones, Misiología, lingüistica, contextualización.* etc. Iba ser el primer pasó en formar el *Departamento posgrado de Misiología* en el SEL, el primero[294] en América Latina. Sería un curso de dos años, a nivel licenciatura, un año de cursos[295] y el segundo año una disertación relacionada al ministerio del individuo. En estos años el concepto de *Misiología* era algo nuevo. Me hice miembro de la ASM[296] y aun dentro de esta sociedad y su revista *Missiology,* de recién *seis* años de vida, hubo dificultad para

---

[294] Costa Rica tuvo una meses después
[295] Historia y teoría de misión; Contextualización; Antropología cultural; Análisis de misión en contextos
[296] *American Society of Missiology*

precisar el nombre. Las sugerencias incluían: *American*, pero no somos todos; *Society,* ¿sociedad o comunidad?; *Missiology* o *Missionology*, al final de cuentas ¿qué es 'misión'?

Este fue un primer paso en un camino largo mío de mi ministerio y de la Iglesia. Juanita comenzó a enseñar *Griego del Nuevo Testamento* a nivel bachillerato en el SEL. Ella intentó manejar carro por Lima pero rápidamente desistió, no por su destreza ¡sino por el estado funesto de nuestro carro! Nos mudamos a otra casa[297] en setiembre, para facilitar visitas y espacio más amplio para la familia y una oficina.

La última conferencia unida la misión RBMU iba a llevarse a cabo con la llegada de un pastor de los EEUU para la parte espiritual, a

---

[297] Gral. Silva 659, San Antonio, Lima

pesar de que yo conocía a muchos pastores y a conferencistas peruanos; pero, para no causar más conflicto, acepté su llegada. Era una lástima de que todas sus ilustraciones sobre cómo vivir la vida cristiana se tornaban a relación[298] con la cultura norteamericana. Habló durante una hora sobre el tema de la *Teología de la Liberación*, opcional para los del EEUU, pero obligatorio para los del Gran Bretaña. Aceptamos la renuncia de los Papworth y los Moffett[299]. Al final de esa conferencia, y con mucha tristeza, dije:

La flexibilidad y la diversidad en la obra misionera es el camino por delante. Me parece que en la vida personal y en la de la misión, en relación con la Iglesia vigorosa en el Perú, debemos tomar a pecho las palabras de Juan el Bautista cuando dijo: "Es

---

[298] Su título *"Shoes for the Road - preparation for God's work"* en el cual mencionó que ¡los zapatos de cuero fino eran parte su equipo de ser pastor!

[299] Los Moffett iban a servir a Dios por años en Venezuela

necesario que El crezca y yo mengue" Juan 3:30.

A fines de octubre, salí con un equipo de estudiantes del SEL a Trujillo para la evangelización de unos nuevos barrios de la zona. Nos alojamos en un almacén de un famoso herbalista "evangélico"[300], con olor de toda clase de hierbas. Los estudiantes salían de par en par cada día, a repartir folletos y hablar de Cristo. Salí sólo. Los estudiantes cubrieron grandes áreas del pueblo joven, y yo, apenas dos o tres casas. En una hablé con un viejito[301] de Cajamarca quien me contaba cómo había visto a Cristo todos los años en el maizal en el tiempo de la cosecha. Me habló de *Santa Bárbara* y *San Isidoro*, los truenos, relámpagos y granizados y cómo asustarlos, etc. Todo esto tuve que tragar hasta que una

[300] El "hermano Pablo"
[301] Muchas veces los viejitos estaban presentes para cuidar/guardar la casa

hora o más después pude hablarle del
Evangelio en términos entendibles. Sin
embargo, hay que admitir que los estudiantes[302]
tuvieron más valentía que yo, de predicar a
Cristo, parados en el ómnibus de regreso a
120 kms. por hora, hablando a los otros
pasajeros.

Hubo mucha perturbación en cuanto a las
Teologías de la Liberación en las Iglesias
evangélicas en el Perú y entre los estudiantes
del SEL. Había yo disfrutado comprando

---

[302] Benjamín Vilcachagua, ahora pastor en la IEP

muchos de los libros publicados por los jesuitas entre otras porque quería entender su posición de primera mano y no refugiarme en baratísmos estilo *"dice que"*[303]. Lastimosamente el profesor de teología sistemática[304] en el SEL consideraba esa teología, como teología de *"puros fanfarrones"* y rehusó enseñar sobre ella. El CONEP[305] decidió llevar a cabo una Consulta sobre la TL e invitó a Samuel Escobar, al Pastor Pablo Pecho[306], y el SEL a participar. Jurgen no quiso y me invitó a mí. Como resultado preparé un documento[307] de 28pp sobre el tema; Samuel presentó un borrador de su libro que estaba escribiendo sobre el tema y don Pablo también habló el

---

[303] Los tuve en mi biblioteca del depto. porque la bibliotecaria del SEL ¡no quiso aceptar `libros de herjía'¡!

[304] Prof. Jurgen Erich de la MAE y luego independiente, por muchos años en el SEL y un buen futbolista

[305] Op.cit.

[306] De la Iglesia Evangélica Peruana

[307] *Una Historia de las Teologías de la Liberación* en mi archivo de la BNE/NLS

tema. Yo iba a seguir modificando mis entendimientos a lo largo de los años y más adelante iba a hablar de "*La otra teología de la liberación*". La euforia del movimiento y los grupos de reflexión, las comunidades de base en los PPJJ iba a fenecer con el advenimiento del movimiento neo-pentecostal y la radicalización política de SL[308]

Durante esos días llegué a conocer fraternalmente a Samuel Escobar y él me instó a que me afiliase con la FTL[309]. En esta época estaba reflexionando no solamente sobre la TL como teología, sino también sobre el problema de la interpretación de las Escrituras como tal, con referencia a contextualización y la TL. Escribí una ponencia[310] al respeto y fue publicado en la

---

[308] Sendero Luminoso
[309] Op.cit.
[310] *La Hermenéutica - De Palabra al Pueblo* 7pp en BNE/NLS y en CEMAA

revista de la FTL, junto con otro artículo corto[311], mostrando cómo la TL iba a fenecer y cómo la teologización iba a resucitar en otra forma.

Hubo cambios en el Perú, en la Iglesia y en nuestras vidas con *La Asamblea Constituyente* de 1978, convocada por el gobierno del General Francisco Morales Bermúdez, para facilitar el retorno de la democracia, tras una década del autollamado *Gobierno Revolucionario de las Fuerzas Armadas*. Se instaló el 28 de julio de 1978 y fue presidida por Víctor Raúl Haya de la Torre, líder histórico del partido Aprista (APRA). Entre los constituyentes estuvo Pedro Arana Q., presbiteriano, miembro de la FTL y amigo nuestro. Su principal misión fue elaborar una nueva carta magna en reemplazo de la Constitución de 1933. Esta

---

[311] *TL, Vida. Muerte, y Resurrección* copia en BNE/NLS

nueva Constitución fue sancionada y promulgada el 12 de julio de 1979, y entró en vigencia el 28 de julio de 1980, al inaugurarse el gobierno constitucional del Arquitecto Fernando Belaunde Terry. Esto fue una novedad para el pueblo evangélico de *¡meterse en la política!* Victor Raúl estuvo de profesor en el *Colegio San Andrés* en los primeros tiempos. Victor Raúl murió el 2 de Agosto de 1979, antes de ver la inauguración el 28 de julio de 1980, y puso fin a las dictaduras militares abiertas. Antes de morir, Victor Raúl pidió una visita particular de un pastor evangélico[312]. El vínculo entre el APRA y los evangélicos era casi "institucional", por motivo de que ambos luchaban para libertad de consciencia contra la instalada Iglesia Católica. Hubo problemas en la década de los veinte y treinta cuando algunos colportores peruanos protestantes de

---

[312] Alfredo Smith, argentino, ACYM Lince

la Biblia también ¡repartían folletos del partido Aprista, juntamente con la Biblia!

En enero fui invitado a Arequipa a ayudar a los luteranos noriegas a instalar su misión entre los quechuas y los aymara. Allí di dos charlas[313].

En los primeros meses de ese año comenzaron a vislumbrarse "*los problemas*" del terrorismo en el Perú. El Presidente Belaunde no tomó el torro por las astas y por lo tanto estaba la violencia muy presente en especial en la zona de Ayacucho. Al visitar a un grupo de estudiantes evangélicos de la *Universidad San Cristóbal de Huamanga*, ellos me invitaron a postular a llegar a ser catedrático en el área de la antropología. Tuve que declinar, pero si hubiera entrado

---

[313] *La Cultura quechua* y *la Comunicación del evangelio en la cultura quechua* en BNE/NLS

hubiera estado al lado de Abimael Guzmán, "Presidente Gonzalo", líder de SL. Estuve comunicándome con un estudiante mío, con maestría en economía de la Universidad en Ayacucho, que fue apresado en tres oportunidades por su punta de vista sobre macro-economía y quien tuvo que huir a México[314].

Y, en los próximos años, iba a encontrarme más involucrado en esta área de la vida peruana. La muerte del Arzobispo Romero[315] fue una señal de esos tiempos venideros.

Me tocó enseñar mi curso de *Historia de la Iglesia en América Latina* por primera vez[316]. Como parte de examen final les pedí a los estudiantes que escribiesen la historia de la fundación de su iglesia local. Esto iba a

---

[314] Carta de SM de México en 1987

[315]Asesinado, marzo 24 de 1980

[316] P. ej. Una clase sobre *la Teología de Cristóbal Colón y el retorno a la Edad Media*

formar parte de un archivo[317] sobre el desarrollo de la Iglesia Evangélica en el Perú, porque muchos de ellos fueron de la primera o segunda generación de miembros de esas iglesias.

A la misma vez, en el Depto. de San Martín, la vida y su cultura quechua estaban sufriendo grandes cambios. Entre los elementos de cambio había: las carreteras de penetración; la inmigración masiva de gente la sierra[318] a la región, con otra manera de trabajar y percibir la realidad; el cambio de siembra de productos locales a arrozales y el cultivo de la coca con el masivo desmonte de la región, hasta provocar cambios de clima y de no quedar selva virgen, ni animales silvestres para cazar. Los quechuas evangélicos del valle Sisa se sometían al desalojo por no

---

[317] El archivo se quedó en el SEL
[318] Los *"Shishacos"*

querer participar en el trabajo como *cocaleros*. Hubo un ataque contra un pastor[319], a machetazos, y hubo uso de la cultura para fomentar la idea de que los difuntos estaban andando[320] por la selva virgen, porque en la caza de animales y se oían, sus silbados - *fin, fin. fin fiiiiiiiiin* afín de que se desanimaran los cazadores en la región de la coca.

En el mes de mayo de 1980 fui invitado a dar una ponencia en la *Conferencia de la Misión EUSA*[321] titulade *Mission in the Eighties*. Abordé los asuntos mencionados: hablé de la tensión entre "el moratorio" sobre misiones y el llamado a alcanzar a los 2 billones de los "*pueblos escondidos*"; el fin de términos como "*home*", "*foreign*", "*fields*" y "*stations*" - el "campo" más bien es el mundo y la Iglesia es la misionera. Sugería que el nuevo

---

[319] Pastor Wildoro Satalaya
[320] El *tunchi o condenado*
[321] Chaclacayo, 3pp en EBN/NLS

camino era la "*canalización*" de recursos, conocimientos y personas "*en ambas direcciones*" de América Latina hacia el mundo de afuera y vice-versa.

Durante el año, nosotros estábamos trabajando para la *Consulta Sobre La Evangelización Mundial*[322] que iba a llevarse a cabo en Pattaya, Tailandia auspiciado por el *Comité de Lausana.* Tuve el privilegio de asistir, con muchos colegas y amigos

---

[322] Pattaya '80, 16-27 de junio, con 800 delegados en el *Royal Cliff Beach Hotel*. Ralph Winter trató de llevar a cabo una conferencia similar titulada Edimburgo '80 y la WCC tuvo su propia a la vez

latinoamericanos[323]. Nuestro enfoque era elaborar un documento sobre *La evangelización entre religiosos tradicionalistas*. De mi parte, la consulta era un abrir de ojos en muchos sentidos. Descubrí que el hotel en Pattaya normalmente proveía ¡un servicio de prostitutas para los huéspedes!; la comida era fuera de serie, hasta con esculturas de cigüeñas en hielo. Hubo "*escuelas de soluciones*" manifestadas antes y durante los once días - *La escuela de Iglecrecimiento* de los de Fuller; la escuela de los "*pueblos escondidos*" de Ralph Winter y otros, y la escuela de *las iglesias homogéneas*. El imperialismo del idioma inglés dominaba todas las exposiciones y grupos, y si no fuese por la rebeldía de los latinos, el libro sobre los *Religiones Tradicionales* ¡hubiera salido en inglés para Latinoamerica también! El modo de dividir

---

[323] Entre ellos, Tito Paredes, Melchor Huilca, Alejo Quijada

el evangelismo del mundo, como *el modelo de 40/80,* soslayaba una manera occidental y mecanista de percibir la realidad[324]. Después de un par de días, el modelo de Fuller fue rechazado por la mayoría de los grupos por varias razones, entre ellas: la vista estática del mundo y del ser humano, no tomando en cuenta la obra dinámica y a veces insospechada del Espíritu de Dios. Un líder africano comentó:

Cuando Jesús predicaba, fue crucificado; cuando los apóstoles predicaban, fueron apedreados; si predicamos este modelo de Fuller ¡recibiremos solamente un Ph.D. en Misiología!

En la segunda semana se formaba la idea de *la Misión Integral - Toda la Iglesia, a todo el mundo, con todo el Evangelio.* Notamos que

---

[324] El grupo de la "*inner-city*" cambió su enfoque a "*los pobres de la cuidades*"

Brasil, con una de las Iglesias evangélicas más amplias y misioneras en el mundo no estaba cuidando, ni evangelizando, a sus propias comunidades nativas. Me sentí esperanzado por la reunión y el compañerismo, a pesar de unos momentos difíciles: como el canje y pérdida de mi equipaje y el recibir de dos raquetas de tenis y una tesis doctoral de Texas en una maleta de otra persona; cierto rechazo de la gente al conversar en la fila con Emilio Castro la visita de WCC/CMI; y un amigo de habitación que iba a invitarme a dar clases en su universidad[325], ¡hasta que mencioné que ¡había escrito sobre la TL!

En octubre el CONEP llevó a cabo una *Consulta sobre las historia de la Iglesia evangélica en el Perú*. Fui invitado a presentar una ponencia[326] que se titulaba *La*

---

[325] Dallas, Texas

Iglesia y la Misiones en el Perú, desde sus inicios hasta el año 1950. Fue uno de los primeros intentos de escribir esa historia. Había fuentes como la obra de Kessler[327] y de Bahamonde[328], ambos en inglés, y los escritos de Ritchie, su escalafón que había publicado yo; pero faltaba algo de inicio en castellano. El Pastor Carlos García presentó un trabajo sobre la obra bautista en el Perú. Todo esto me movía a crear un archivo histórico en el Depto. de Misiología en el SEL[329] y de buscar fuentes perdidas o desatendidas. Personas como Samuel Escobar, Saúl Barrera, Juan Fonseca y Juan Inocencio iban a tomar la batuta en esta área, pero hasta hoy no tenemos un libro sobre de la Iglesia Evangélica en el Perú.

---

[326] 8pp carta, Oct. 1, en archivo BNE/NLS
[327] *A Study of the Relations of Older Protestant Missions in Peru and Chile,* GOES 1967
[328] Obispo metodista tesis doctoral s/f
[329] Este archivo pasó en parte a CEMAA, pero fue cuidado por mi estudiante y sucesor en el SEL, Dr. Oswaldo Fernández

Como desafío a los profesores del SEL comencé a publicar "*Ensayos Ocasionales*", para ayudarnos reflexionar en nuestras especialidad y para levantar la cara del SEL como una institución de reflexión e investigación. Publiqué el primero con título *El Otro Cristianismo Andino*[330]. Era tiempo ya de reunir mis experiencias y mi preocupación de presentar este nuevo mundo de la Misiología en una forma coherente y de utilidad para los agentes de misión, los pastores y miembros de las congregaciones.

Habíamos incursionado en el mundo maravilloso de la máquina de escribir eléctrica IBM "Golf-Ball", cortesía de una donación de *TEAR FUND* (Inglaterra) y una secretaria de la misión.[331] Me dio la

---

[330] 9pp luego publicado en la revista Misión, copia en el archivo en BNE/NLS
[331] Marina Hurd

oportunidad de preparar mi libro titulado
Introducción a la Misiología Latinoamericana[332]

En setiembre llevamos a cabo nuestra primera conferencia anual de la UKRBMU[333]. No hubo mucho que decir porque la visión de la misión y su quehacer estaba más entretejida con las entidades de la Iglesia peruana que la de nuestra propia existencia y problemas internos.

---

[332] 1986, 122pp publicaciones PUSEL
[333] Fui director en aquel entonces

Quizás sea algo raro, que esta *Crónica* no mencione las muy importantes reuniones de los CLADEs. No es que no merezcan comentario[334], pero vivía yo al margen de ellos por varios motivos: CLADE I - nuestra misión no me permitió que asistiese; CLADE II - no hubo cupo en Lima para más "*misioneros*"; CLADE III - tuve desacuerdos con la directiva por el cambio del contenido

---

[334] Hay publicaciones con sus exposiciones y declaraciones

del programa después de la muerte súbita de Roberto Hatch[335], coordinador de Ecuador. Sin embargo fue para bien, como voy a explicar más adelante.

En Noviembre de 1980 se llevó a cabo una *Consulta Bolivariana de Iglesias y Misiones en Colombia*[336]. Tuve el privilegio de asistir. Fue la primera vez que *los Concilios Evangélicos de Venezuela, Colombia, Perú, Bolivia y Ecuador* se reunieron. Se llevó a cabo en las afueras de Bogotá, porque allí estaba la mayor tensión entre grupos de evangélicos. Se notaba que la gente que rehusaba asistir a esta conferencia era exactamente la que necesitaba oír las quejas de los hermanos nacionales frente a algunas posturas de las misiones extranjeras en sus países. El director de *la Escuela de Idiomas*

---

[335] 20 de diciembre de 1989
[336] 17-22 de noviembre de 1980 en Bogotá, Los Pinares

en Costa Rica notó que más del 50% de los nuevos misioneros de los EEU provenían de pequeños grupos independientes y no tenían interés alguno en asistir clases de orientación cultural. De nuevo hubo una crítica severa de parte del *Concilio en Ecuador* sobre la ideología de las escuelas de Fuller sobre *Iglecrecimiento e Iglesias homogéneas.* Oímos también el testimonio de pastores ministrando en Colombia en áreas cocaleras y de marihuana; testimonios sobre la lucha en Venezuela contra la expulsión de misiones trabajando en comunidades nativas; y aprovechamos del ministerio de la Palabra del rector del SEL[337] Lastimosamente este intento de fomentar relaciones internacionales no prosiguió. Había otros grupos paraeclesiásticos merodeando a nivel macro-nacional[338].

---

[337] Dr. Héctor Pina
[338] FTL, CONELA, CLAI, CLADE, etc.

A principios de diciembre de 1980 me tocaba visitar a mis colegas en Amazonas. Fui en un VW *"escarabajo"* prestado, con un estudiante[339] del SEL que vivía en Chiclayo. Me interesaba mucho ver cómo la visión dada de entrar en Amazonas en 1968 estaba dando frutos. De paso podría ver los resultados agobiantes de la lucha entre la *Misión Nazarena* y la *Iglesia Nazarena* y el costo del discipulado nacional, al perder edificios e Instituto Bíblico y ¡esos edificios re-poseídos por la Misión pero estando vacios!

Llegamos a Chachapoyas en ocho horas desde Chiclayo. Conversamos con los Webb[340] y nos contaron sobre las luchas de establecer la obra, incluyendo un ataque serio en un pueblo cuando el sacerdote y su gente echaron llave al templo y prendieron fuego al

---

[339] Teófilo Narváez
[340] Op.cit.

techo de paja. Por la gracia de Dios se salvaron todos con golpes y quemaduras leves. Se notaba que los misioneros presentes de la AIENOP y del AMEN sufrían en el área pastoral, por falta del apoyo desde San Martín y la marcada diferencia cultural entre "*shishacu*" y "*charapitu*". En Lamud, donde Marcos Sirag y yo habíamos orado sobre el pueblo desde el cerro hace más de una década atrás, la Iglesia evangélica ahora estaba creciendo. Notamos de paso de la politización de los estudiantes en el área.

....

1981 - NUEVOS HITOS EN EL CAMINO DE LA IGLESIA

1981 marcó otro hito en el avance de la Iglesia evangélica en América Latina.

Habíamos terminado el año en el SEL con la graduación de seis estudiantes de posgrado, y comenzamos este año con un nuevo programa de SELADIS, con miras de ayudar a estudiantes pastores y otros en provincias con cursos específicos de tres semanas en la época de las vacaciones. Me tocaba enseñar *Historia de la Iglesia* a unos 50 estudiantes de todo trasfondo, rural y citadino. Luego Dr. Pina, el rector, me criticó por ser demasiadamente chistoso y que la clase no parecía como "*cosa seria*". Respondí diciendo que la enseñanza debe ser una experiencia gozosa y no una tarea forzada.

Volví a Gran Bretaña a acompañar a don Héctor Pina por un mes en una gira de seminarios e iglesias en Inglaterra, con miras a entablar relaciones con estudiantes y profesores británicos y mostrar algo del ministerio y la situación de la Iglesia en AL.

A la misma vez estaba buscando yo, apertura en la docencia en Gran Bretaña, para los años venideros. El ejercicio no tuvo éxito para mí ni para don Héctor. Parecía que Dios quería utilizarnos todavía en el Perú.

Con nuevo ímpetu comenzamos el programa de posgrado en Misiología a nivel maestría, en el área de Misiología, con cuatro estudiantes. El anhelo fue que otros departamentos del SEL siguieran este camino[341] y que SEL llegue a buscar reconocimiento oficial de Universidad. Como miembro de la Junta del SEL seguía insistiendo que deberíamos pensar en ampliar y preparar el cuerpo docente nacional y, a la vez, invertir en un terreno aledaño[342], para casas de

---

[341] Juanita escribió: «*Y que a los que Dios les ha dado la habilidad tengan la oportunidad de estudio e investigación afín de que se resuelvan los problemas de hoy y se produzca literatura apologética .*» (Carta a amigos, abril de '81)
[342] En ese entonces a cincuenta centavos de dólar por metro cuadrado

profesores nacionales y visitantes, en vez de tener sus inversiones en acciones en "*Tejidos Unión*[343]". El SEL se había situado "*lejos del mundanal ruido*", rodeado de maizales, a propósito en la década de los 40, porque la mayoría de los estudiantes provenía del campo[344]. No resultó mi visión, ni para universidad, ni para inversión, mientras las acciones en la compañía menguaban a diario. Había fuerte resistencia de parte de algunos de la directiva en hacer "*vínculos con el mundo*".

En el programa de bachillerato enseñaba *El evangelio y la cultura andina*, y *La filosofía*. El curso de filosofía fracasó por completo porque un estudiante con conocimiento en la materia siempre me contradecía. Tuvo razón,

---

[343] Una cía. británica en la cual H. Money y Juan Ritchie habían invertido
[344] En 1940 75% de la población era rural y Lima albergaba menos de un millón de habitantes

hasta cierto punto, porque acepté la asignatura sin mucho interés, tiempo de lectura y estudio, utilizando mis notas de mi clase como estudiante de 1961 en LBC[345]. El estudiante[346] llegó a ser profesor en SEL

Mientras tanto nos encontramos involucrados con el desarrollo de la obra de CEMAA y llevar a cabo un *Festival de Música Andina* en Ayacucho. Fue la primera vez que había vínculos estrechos entre los de las Asambleas de Dios y los Presbiterianos quechuas y descubrían sus raíces comunes por la alabanza a Dios en el idioma y en la música autóctona. Estábamos avanzando en esta área con oración y tentatividad. No sabíamos si la idea de pedir nuevos himnos y melodías de grupos de músicos hermanos/as funcionaría o no. Sugerimos que traigan un nuevo himno y

[345] London Bible College, Inglaterra
[346] Miguel Guimet

una nueva melodía. Unos hermanos protestaban diciendo:

¡Tenemos más de veinticinco nuevos himnos y melodías!

En la competencia entre grupos, como estímulo, dimos puntos por el traje, por la música, por el contenido bíblico/doctrinal. Fue el inicio de un movimiento que iba explosionar y pasar de regional a internacional. Por primera vez en cuatrocientos largos años el pueblo quechua/quichua pudo alabar a Dios con todo su corazón, su alma y con su ser, con melodías, palabras y instrumentos propios. Llevamos a cabo otro encuentro similar en Ancash en el mes de junio.

En 1981 la inflación llegó a 93% en los doce meses y el poder adquisitivo bajó 73%. Fue un año de mucho movimiento de personal de la misión. En el quehacer de ese año alguien me dijo,

¡Tu problema es que tu reloj está avanzado diez años!

En 1972 había idedo el uso de un *Hovercraft* para la evangelización y la ayuda médica por los ríos de la selva y en 1980 pude conversar con personas de Gran Bretaña que tenían estos recursos[347]. Este grupo de entusiastas militares, iba a llegar en 1982 y viajar desde la cabecera del río Amazonas a Iquitos en su *Hovercraft*. Pedí al jefe Michael Cole, siendo un buen cristiano, que dejara su *Hovercraft* para la obra en la selva[348].

---

[347] A los de las Fuerzas Aéreas del Gran Bretaña les gustaba hacer "*viajes de proeza*" y hacer competencia con de los del Ejército y las Fuerzas navales. En este caso "Squadron-leader" Michael Cole y su equipo
[348] Vea más luego

Había, a la vez, notado el avance[349] de la computadora. Veía que el mundo de la computadora nos estaba avecinando y suplicaba a la misión que nos provea una. No respondieron, pero compré uno de las primeras en el mercado, el Sinclair Spectrum 48 K, y comencé a experimentar con ella en hacer listas bibliográficas y de direcciones.

Nuestra iglesia de Maranatha estaba creciendo, como muchos otros más. En junio, hubo servicios de bautismo todos los domingos. Hacían campañas en la zona, de puerta en puerta, y sostenían ministerios en dieciséis anexos.

Publiqué un librito sobre *La música en la Iglesia evangélica,* respondiendo a la necesidad de comprender cómo la música y la

---

[349] Había estado como estudiante en la Universidad de Manchester en 1954, cuando iniciaba el proceso con una computadora que esforzadamente ¡tenía que ocupar 4 pisos!

cultura están entretejidas[350] y la necesidad de que la música y la palabra ser comprensibles.

Pasé un tiempo en Pucallpa a una *Consulta de evangelización* de la zona. Como resultado las iglesias autóctonas decidieron afiliarse con el CONEP.

....

1982 - AVANCES EN LA SELVA

A principios de 1982, seguía con los cursos en el SEL y participaba en el programa de CEMAA como asesor del Comité Quechua/Quichua. Traté de seguir escribiendo en forma popular y con ponencias de 2-5 páginas para la diseminación en iglesias y en los Institutos[351]. Un colega del

---

[350] 1 edición de 300 copias
[351] P. ej. *La Comunicación y la Cultura* 4pp

SEL[352] me invitó a enseñar en el *Instituto de la Iglesia Pentecostal* en Rímac. En el terrado, con cuartos sin ventanas, enseñaba desde las ocho hasta las diez y media de la noche y luego regresé en carro, o en buses de mala muerte, a La Molina, una hora o más de distancia. Hacía clases nocturnas también en el sótano del Templo Maranatha, en el centro de Lima. Fue un privilegio enseñar a personas que habían trabajado de día y luego, por amor al Señor, iban a estudiar conmigo y regresaban tarde a casa, para volver a salir a trabajar en horas tempranas el siguiente día.

En este año se escuchaban rumores de una posible co-operación entre las misiones de la EUSA y el RBMUUK[353]. También la IEP sacó un *Documento de Pacto* con las

---

[352] Pedro (Tocho) Torres V.
[353] Dos documentos sobre una posible salida, con dos posiciones distintas, fueron presentados por Ken Scott y su servidor

misiones empujando hacia un posible enlace entre la misión UNEP[354] y RBMU[355]. El hecho de que ambas misiones habían decidido trasladar sus oficinas en Londres a un edificio común[356], con otras entidades evangélicas, fue una señal de los tiempos cuando los donantes particulares y las Iglesias estaban cambiando su enfoque de donación. Donar para la misión de Dios era menos ahora en función de una sociedad misionera, y más bien al individuo o para una región o proyecto específico. Era difícil entonces para las sociedades misioneras mantener su propia infraestructura y gastos de administración local[357].

---

[354] UNEP nombre de la EUSA en el Perú

[355] Fui yo el único misionero de las misiones que firmó un pacto con la IEP para llegar a ser reconocido como pastor

[356] Whitefield House en Balham

[357] Había instituciones de misión tanto en el Gran Bretaña, como en el Perú, cuyos gastos internos llegaron a ser más del 50% de sus donaciones

En marzo recibí una invitación para hablar en una conferencia en Tingo María, auspiciado por la Iglesia IEP[358]. Encontré a Tingo María como un nuevo mundo, con la presencia oculta del narco-tráfico. Mientras que en Santa Cruz, Bolivia se veía los adelantos en la construcción de vías, aeropuerto, carros nuevos, con el lavado de dólares a nivel local, Tingo María se presentaba como un pueblo sin progreso[359]. Había un aire de miedo en el área y disimuladamente algunos hermanos me mostraron un campo de aterrizaje aledaño, con sacos de dólares de billetes a cincuenta, esperando su traslado a Lima, a cambio de la droga enviada hacía algunos momentos en avioneta. ¡Se notaba en la ofrenda en el culto, los billetes en dólares! En el ómnibus de regreso fui bajado en "la tranca" a 50 km de Lima y revisado corporalmente,

---

[358] Pastor Pablo Durand L.
[359] El hotel "*Nueva York*", semi construido y sin luz

documentos inspectados, con unos otros más, mientras "*los tombos*" revisaron el ómnibus, el equipaje y los pasajeros adentro. Tuve miedo, porque un amigo británico había sido apresado y encarcelado por el hecho de que una "*mula*" había puesto su paquete de *"pasta básica"* debajo de su asiento.

Sentí pena profunda por el Perú, porque al final de cuentas, "el problema" del narco-tráfico se encuentra en otra parte y está impuesto sobre él, por la vida hedonista de Europa y los Estados Unidos, que nunca pueden brindar la satisfacción que se encuentra en comunidad en el mundo andino y en Cristo.

En el mes de agosto salimos con un grupo de hermanos quechua por tierra de Lima a Majipampa en Ecuador para el *Segundo Festival Internacional de la Música*

Evangélica Quechua/Quichua. Otra vez era una situación de escoger entre le familia y el trabajo, al seguir a Juanita y los hijos para nuestro año de licencia y ayudar en el proceso

de ingresos la Universidad y Colegios en Gran Bretaña o participar en el avance de la iglesia quechua/quichua,

El *Festival* tuvo gra aceptación en Ecuador entre los quichuas del centro y los otovaleños y resultó en la formación de una *Federación de Comunidades Nativas* (FEINE) y un surgimiento de líderes quechua/quichua quienes, por primera vez, pudieron articular sus propias perspectivas y teologización[360]. Yo salí por Quito, rumbo a Escocia a encontrar a mi familia.

De nuevo, tuve que dejar a la familia en noviembre en Escocia y volver a Lima invitado por el *Proyecto Hovercraft* para ayudar en la ubicación de un *Hovercraft* (HC) en el río Ucayali. En Pucallpa esperamos la

---

[360] Entre ellos Fernando Quicañay Rómulo Sauñe, de la zona Ayacucho

llegada del grupo de la expedición desde el río Ucayali arriba. Llegaron veintiuno de ellos en lanchas de hule; una canoa de trece metros con dos motores fueraborda y el Hovercraft 06 (HC), liderado por Michael Cole. Sin tener conocimiento alguno de la región, atracaron en una zona militar y los dos jefes fueron arrestados. Sin embargo Cole, con su castellano limitado, produjo una trajeta de invitación del Presidente Belaunde a cenar con él al regresar a Lima y luego ¡todo se normalizó!

Al viajar río abajo encontré el HC veloz y sin problemas en los corrientes del río. Sin embargo el HC no pudo con las "palizadas" en la entrada al Lago Yarinacocha. Decidió Cole que continuemos en la canoa y llevar el HC por tierra a la base de la ILV en el lago. Resultó que pasamos[361] la noche en el agua

---

[361] ¡Tito Paredes sufría igual!

empujando la canoa encima de los palos en el agua misma, guiados por Cole en la canoa, debajo de un mosquitero y una lámpara, como "*explorador estilo Livingston*". Luego dormimos un par de horas, mojados, en carpas, con los más acostumbrados miembros del ejército británico. ¡No era la mejor introducción al uso de un HC! Durante los días en Yarinacocha, pudimos entrenar a varios peruanos[362] en el manejo y mantenimiento del HC. Fue dedicado el 16 de noviembre de 1982, y Tito Paredes recibió el HC a nombre de CEMAA. Se entregaron *licencias de pilotaje* al equipo[363]. Necesitaba unas modificaciones para trabajar en una zona cálida y tuvimos la ayuda de unos buenos hermanos mecánicos del equipo británico.[364]

---

[362] Carlos y Becky Pinto y Sergio La Rosa de POS, Ángel Díaz de la comunidad machiguenga y Leo Lance de la ILV
[363] ¡Inventamos una licencia, porque no había semejante cosa en AL!
[364] Dick Bell, Roy Millington y Gordon Davies

Decidieron ubicar el HC en la zona Urubamba y los esposos Davies[365] iban a jugar un papel preponderante en sobrevelar el proceso. Sin embargo, esta visión y su inicio halagüeño, se fue a la nada por varios motivos. Aprendimos lecciones duras: que la introducción de tecnología "high-tech" (alta tecnología)) en una región requiere un respaldo enorme y que no podíamos proveerlo; tampoco pudimos percatar las dificultades de mantenimiento en un lugar tan húmedo y cálido como la selva peruana; no se nos ocurrió que las ratas de la selva podrían roer tubos reforzados, de enfriamiento del aceite de motor; así, como en los casos de la maquinaria agrícola en la *Reforma Agraria,* cuando se fundió el motor del HC por

---

[365] Gordon y Ángela iban a trabajar por años, vinculados con Tear Fund y Enlace Latino, tanto en la selva y luego en Lima y en Inglaterra y ser "padre y madre" a muchos equipos de jóvenes al Perú y migrantes a Inglaterra

recalentamiento, no había agencia de *Renault* en el Perú para garantizar repuestos.

Entre estos y otros problemas de carácter de personalidades y de administración, el HC llegó a finalizar sus días como gallinero en la chacra de un hermano, ¡la más costosa residencia de ave - al costo de treinta y cinco mil libras esterlinas!

Regresé a Escocia con el sentir de uno de los anteriores pioneros de RBMU al Perú, Fred Peters, con el sentimiento registrado en el informe de 1905 - "*utterly cast down*" - es decir "*completamente abatido*".

En los primeros meses en Escocia en 1983, todos en la familia sufrimos de la *gripe asiática* y no pude llevar a cabo las visitas a varios seminarios y centros de preparación misionera. Alison estaba en la Universidad en Edimburgo y John iba a entrar en la

Universidad en setiembre, pero pensaba regresar con nosotros por un año más al Perú. La misión estaba preocupada por el nivel bajo de sostén económico para nosotros como familia y esto fue también un indicio de hacernos la pregunta:

¿Qué estamos haciendo, Señor?

Sin embargo, decidimos seguir adelante con miras a regresar al Perú en octubre de 1983. Fuimos como familia a una *Reunión Nacional de RBMU* en Nottingham a medio año. Me sentí un poco descontextualizado por varios motivos, pero quizás fue el inicio de una salida de esa misión que iba a ocurrir en los años venideros. En mis visitas pude conseguir un archivo de láminas de 7,000 pp. sobre los *Nuevos Movimientos Religiosos* NERMS alrededor del mundo[366]. A pesar del

---

[366] Dr. Turner e su centro de NERMS en Birmingham, Inglaterra.

fracaso del HC, insté a Tear Fund a que provea una computadora para CEMAA y que revise su política al respeto. Pensaba crear un *archivo de Misiología* a mi regreso al Perú y comencé "*un saqueo evangélico[367]*" de la documentación sobre el Perú.

Recibí una noticia que la venta de mi publicación, estilo popular, por PUSEL titulado *¿La TL, Qué es?*[368] había pasado los mil ejemplares. Preparé un curso *Misiología desde la perspectiva del Tercer (dos tercios) Mundo* [369]para dar en octubre, solicitando a los integrantes una monografía de no menos de diez páginas para completar el programa.

1983 - DE NUEVO AL PERÚ

Debe estar ahora en el archivo de CEMAA
[367] Inventé esa frase para respaldar mi visión de devolver el patrimonio misionero al Perú, secuestrado en revistas, bibliotecas y archivos en EEUU y Gran Bretaña
[368] archivo NLS/BNE 12pp ilustrado
[369] *La misiología, ¿qué es?; Iglesia evangélica y sociedades misioneras; Contextualización del Evangelio; Misión para el Tercer Milenio*

Regresamos al Perú en octubre de 1983, Juanita, John, Rut y Raquel para vivir en el barrio[370] al lado del Seminario.

....

1984 - CRECIMIENTO DE LA IGLESIA

En 1984 hubo un crecimiento vertiginoso de la Iglesia Evangélica en las ciudades del Perú. En Lima el problema fue que nadie sabía cuántas iglesias había, ni en dónde estaban. Hubo un grupo de los EEUU que ofreció su servicio al CONEP para hacer el estudio. Protesté enérgicamente a este modo de hacer las cosas, a sabiendas que aquí iba a acontecer otra extracción de "materia prima"

---

[370] Santa Felicia

del mundo del primer tercio una elaboración de las estadísticas por "expertos" en "el Norte" y luego una exportación costosa a nosotros, los pobres aquí en el Perú. Compartí mi inquietud con mi amigo Tito Paredes y juntamente con él, con su habilidad de administración, se organizó un proyecto[371] de descubrir *¿Cuántos evangélicos somos y quiénes somos*? EL CONEP lo aprobó. Iba a evolucionarse en PROMIES y la publicación de las estadísticas de más de 620 iglesias en Lima. No había habido un censo evangélico desde 1942.

Había un creciente interés en la área de la política de parte de los evangélicos, no tanto todavía en una participación activa como tal, sino en: ¿cómo debo votar? Escribí una ponencia[372] al respeto que presenté en una

---

[371] PRODECO
[372] *Pensamiento de la Iglesia Evangélica en el Panorama Político de País* 4pp en NLS/BNE

reunión del CONEP, subrayando cinco modos de participación: *participación alguna; participación partidaria; participación solidaria; participación profética; participación subversiva.* Personalmente, había participado en la formación de un partido en las elecciones del constituyente de 1980, *La Fe Evangélica* (FE). Había un grupito[373] de nosotros y faltó alcanzar suficientes inscripciones para la participación. Escribí su ideario, incluyendo que sea ¡*un partido anti-nuclear*!

En la sede del Colegio San Andrés hubo una semana de conferencias auspiciado por el CONEP sobre el *Evangelio e ideologías contemporáneas.* En mi ponencia concluía diciendo: *Espero que nuestra participación en la vida socio-política esté a la altura de*

---

[373] Incluía a Pedro Merino del CONEP , un ex Gral. de la ACYM de Miraflores y un abogado Dr. Abner Pinedo de la IEP/AOG

estas tres afirmaciones: 1) Somos creados a la imagen de Dios y recreados por Cristo Jesús para buenas obras 2) Nuestra participación viene porque Cristo es el camino, la verdad y la vida y debemos administrar por Él y para El 3) Nuestra participación viene porque, como dijo el apologista Tertuliano: ¡Somos del mañana!

En enero de 1984, salí a Andahuaylas en *Morales-Moralitos* por vía Nazca- Puquio-Abancay y llegue en 32 horas[374]. Fue grato ver la escarcha de la mañana y un cóndor volando; almuerzo de trucha en Pampamarca; gritos de pasajeros costeños al bambalear sobre los huaycos antes de llegar a Abancay. Me quedé con los Scott[375], y el domingo asistí a la reunión en el nuevo templo, la mitad del culto en quechua y la

---

[374] La carretera Nazca-Cuzco no era asfaltada
[375] Op. cit.

otra en castellano. Luego pasé a Andahuaylas en micro. Vi el camión *Santa Inés* de un viejo amigo en el camino, pero me dijeron que *El gordo Vicente* era ya ¡demasiado gordo de manejar detrás del timón!

El nuevo *Instituto Bíblico* allí tuvo serios problemas de instalación debido a las intensas lluvias, el frío y las goteras. Pasé la semana entera sin sacarme la ropa, de día o de noche, mientras enseñaba sobre *la Historia de la Iglesia* y discutía problemas pastorales en las iglesias quechua de la zona. Había *"suspensión de garantías"* en la zona y *toque de queda* desde las diez de la noche hasta las cinco de la mañana, con una presencia nutrida de los *"sinchis"* en el pueblo. No solamente había problemas de terrorismo en el área, sino que el *Movimiento Los Israelitas del Nuevo Pacto* estaba trabajando en el área, confundiendo a muchos de las iglesias, y teniendo éxito por su teología apocalíptica y escatológica que encajaba bien en el contexto de la inseguridad y la hambruna en la región. Las promesas de "*La tierra prometida*" por Satipo o por Lima eran un imán poderoso para muchos.

Parte de la tensión en las iglesias de la IEP y otros en el campo estaba relacionada en términos generacionales y en términos escatológicas. En una cultura con una cosmovisión integral y concreta de cielo y tierra, era imposible guardar una posición escatológica estilo a-milenarista como en la costa y de pastores entrenados en Costa Rica. La mayoría de los nuevos misioneros provenientes de los centros teológicos de Europa acataban a esta posición, provocando esta dificultad. El mundo de los EEUU y Gran Bretaña ya no era literal, visual, concreto y dinámico, sino idealista, simbólico y abstracto. Por mi parte, no veía la necesidad de enseñar ni introducir al contexto andino, una cosmovisión secular europea.

Se notaba que las iglesias del campo crecían rápidamente, mientras los de los pueblos y ciudades en la sierra y montaña luchaban por mantener su crecimiento. Parte de la razón se debía a que "*el misti*" sufría una crisis de identidad y este hecho me provocó a escribir una ponencia sobre este fenómeno - titulado *¿Quién soy yo, papá?*[376], que, a la vez, mostraba que las iglesias formadas por misiones no-denominacionales tenían esta misma crisis de identidad en sí mismas.

Otro fenómeno que aquejaba a la iglesia del campo era el papel del "*templo*" y su posición en la vida del creyente. Provenía del concepto de un lugar "*santo*" en las

---

[376] 4pp en el archivo NLS/BNE

cosmovisiones incaicas y católicas. Incluía aspectos como: un lugar "más santo" - su "*sagrado púlpito*" en vez de un altar; luego la separación de varón y mujer; la necesidad de estar quieto y callado; y las cosas nunca mencionadas como el abuso de las mujeres y la borrachera. Concluyó esta ponencia: *Cabe mencionar que la Asamblea del la IEP, en su forma tecnificada de ciudad, deja a los del campo sin voz y sin comprensión muchas veces, por su manera y velocidad de hablar y por la falta de comprensión que, al explicar algo en el mundo quechua, hay que contarlo como historia larga y ¡no al estilo metralleta!*[377]

Entre febrero y abril predicaba en el culto de la once en la IEP Maranatha en Lima. Este fue un privilegio enorme porque era heredero de muchos grandes predicadores nacionales y

---

[377] Del *informe Visita y enseñanza en el Instituto Bíblico de Andahuaylas, IEP, 13-31 de enero de 1984* en archivo NLS/BNE

misioneros[378]. Mi ministerio no era tan evangelístico, pero enfocaba la necesidad de *equipar a los santos para la obra del ministerio*[379]. Para animar y resaltar el ministerio y la presencia de los quechua hablantes en las congregaciones de Lima, siempre saludaba a la congregación con: *¡Buenos Días, hermanos y hermanas. Allinllachu wauqey-panikuna!*

Fui invitado en ese año a ser miembro de la comisión de CONELA[380]. Rechacé la gentil invitación por dos motivos. Veía la creciente polarización de los movimientos CONELA y CLAI[381] en América Latina, en desmedro del CONEP y otros concilios nacionales, que podían mantener un espacio amplio de

---

[378] Federico Muñoz, Pablo Pecho, Jorge Case, Herbert Money, entre otros
[379] Fui dado el tema *Dios Padre, Hijo y Espíritu Santo*
[380] Confraternidad evangélica Latino-Americana anti CMI (consejo Mundial de Iglesias/ WCC)
[381] Confraternidad Latino-Américana de Iglesias pro CMI

reflexión y praxis dentro sus países. Creía que las entidades nacionales en el Perú tenían oportunidad de debatir las cosas pertinentes por medio del CONEP, y no debían ser tragadas el uno por el otro.

Además mi ponencia sobre *La Liberación de la Teología*[382], un intento de "*examinarlo todo y retener lo bueno*", tanto en las TL, como también en la teología tradicional, causaba sospecha en ambos bandos, CONELA y CLAI. Me pareció a mí que CONELA no estaba "*rascando donde pica*". en el mundo convulsionado que era AL de la década de los 80. El hecho de que en Jesucristo, soy constituido pecador, por ser parte de una sociedad y cosmos pecadores. Por ejemplo soy condenado ser pecador británico por el hecho de que soy ciudadano de un país que utiliza 17% de su PBI en

---

[382] archivo NLS/BNE

armamentos y solamente 0.7% en ayuda al mundo de los dos tercios. Tampoco no pude quedarme quieto en entidades como CONELA y otras entidades que llegaron a utilizar más del 50% de sus ingresos en la administración, cuando los pastores de sus iglesias afiliadas no gozaban de posibilidades de educación adecuada y una vida familiar digna.

Al final de cuentas, hubo intentos de infiltrarse en el Perú, cuando una noche, recibí una llamada telefónica de una persona de la entidad CONELA diciendo:

¡Mira, tú tienes mucha vara en el Perú, ¿por qué no sugieres que llevemos a cabo nuestra Consulta Internacional en tu país?

Al final CONELA y su consulta COMIBAM tuvieron que realizarse en Sao Paulo.

En noviembre asistí el *Primer Congreso de Antropólogos*[383] en Lima con Tito Paredes. Fue una experiencia interesante, porque nos dimos cuenta que nuestros conocimientos y praxis como evangélicos en SEL y CEMAA estaba a la par con los de las universidades de San Marcos o de La Católica; solamente nos faltaba el apoyo moral de iglesias e instituciones.

Durante este tiempo una entidad evangélica PUENTE estaba tratando de iniciar un diálogo misiológico que servía a apoyar a COMIBAM '87 que ahora iba a llevarse a cabo en Sao Paulo, Brasil. Roberto Hatch me invitó a que escribiese una introducción al diálogo, titulado *"Misión para el Tercer Milenio"* (MTM)[384]. Quizás esa fue uno de las ponencias más fundamentales que escribí

---

[383] Entre ellos Juan Ossio y Manuel Marzal S.J.
[384] El término, "MTM" fue inventado por mí aún más antes de esa fecha. NLS/BNE 9pp

y este título iba a llegar a ser una frase popular y banderista en el mundo misiológico y en las tesis de grado del área.[385] Sus puntos principales fueron las necesidades de: *Una interpretación más adecuada del mundo del Tercer Milenio; el reconocimiento de la Iglesia como eje misionero en una nueva manera de hacer misión en el Tercer Milenio; una esperanza inadecuada en la sociedad misionera como eje motriz para el Tercer Milenio; una confianza sin fundamento de la interpretación única y occidentalista para misión para el Tercer Milenio.*

En abril recibí una invitación del *Instituto de ACYM*[386] para enseñar en su programa nocturno, donde iba a enseñar un curso sobre "*La Teología contemporánea*". Obviamente iba a incluir las TL y la teología andina[387].

---

[385] P.ej. La tesis doctoral de Samuel Cueva sobre el AMEN iba a utilizar mucho uso de este término
[386] En la Avenida Brasil, Lima

En la noche que me tocaba iniciar la enseñanza sobre las TL, vi al fondo del salón de clase con los treinta estudiantes uno y otro profesor, un pastor nacional y un misionero/a extranjero. ¡Parecía un tipo de *Santa Inquisición*! Pasó todo, sin comentario, y pude seguir por muchos años en un vínculo estrecho y fructífero con la entidad docente y la denominación.

En mayo llevamos a cabo una pequeña reunión con estudiantes del AGEUP[388] sobre *Macroeconomía y el Evangelio*[389]

En junio viajé a Holanda a participar en una *Consulta sobre la Educación Teológica,* auspiciada por la Iglesia Presbiteriana Mundial. Abrió otro panorama de la vida y de lucha de la Iglesia Evangélica en el

---

[387] Incluyendo la publicación mía *El Otro Cristianismo Andino* en *Misión* , Oct. de 1984
[388] *Asociación de Grupos Evangélicos del Perú*
[389] Archivo NLS/BNE

mundo. Me dieron un dormitorio con tres camas. Momentos después vinieron dos delgados del Sudáfrica, ambos negros. Me miraron y me dijeron:

No vamos a dormir contigo, como señal de protesta, porque en nuestro país sería terminante prohibido dormir con un blanco.

Fue mi primer encuentro con la lucha del A*partheid*. Los delgados de Sudáfrica habían decidido hacer una protesta de alto perfil y utilizar esta reunión magna internacional en Holanda para enfocar el problema. De pronto, se todo se tornó como un circo. En los plenarios había conflictos. Mis amigos y colegas de América Latina nos solidarizamos con la posición tomada por nuestros hermanos negros de allí. Fuimos tildados como "*marxistas*" y "*rojos*". Fueron la TV y la radio holandesas, la policía y todo llegó a ser un bendito desorden. No podía jugar un papel importante en la lucha, y, al final, después de registrar claramente mi oposición personal a *Apartheid*, con otro hermano de Centroamérica, ¡tomamos un día en bicicleta, explorando los canales de Holanda!

En agosto de 1984 se llevó a cabo el *Segundo Festival Regional de Música quechua/quichua* en Chazuta[390], San Martín. Otra vez, como la primera, en el valle Sisa, hubo mucho gozo en la revalorización de la música y los instrumentos autóctonos para la honra y gloria de Dios y la extensión del Evangelio. Poder llegar ahora a Chazuta por carretera fue una bendición, en vez de bajar a pie o por el río Huallaga en "*balsa*", con el peligro de los malpasos de *Chumia* y del *Vaquero*, como en nuestros primeros tiempos

---

[390] 2-5 de agosto, auspiciado por CEQP (Comité Evangélica Quechua del Perú) y CEMAA

en la zona. Oír como los jóvenes del valle Sisa y su conjunto[391] habían estado evangelizando por otros caseríos quechuas aislados de San Martín, me llenó de mucha satisfacción.

En octubre organizamos una *Conferencia Nacional sobre La Misión Urbana* en el Dpto. de Misiología (SEL). Nos dimos cuenta que la Iglesia urbana estaba creciendo rápidamente, pero cada entidad bailaba con su propio pañuelo denominacional y en la misma zona urbana. Era necesario que nos conozcamos y aprendamos el uno del otro. Durante los quince días tuvimos presentaciones de distintos grupos, evangélicos, pentecostales, tradicionales y llegó a ser el inicio de una *Consulta Internacional sobre la Misión Urbana* auspiciada por la FTL en México en 1986. En

---

[391] *Tata diospa angelnincuna*

la consulta internacional, mi contribución fue limitada ¡a servir de payaso en la noche de talentos!

Durante el año Juanita y yo descubrimos que nuestras visas ahora estaban otorgadas a nombre de UNEP y no del MPI. Nos dio cierto malestar porque no nos sentíamos nosotros muy vinculados al programa de misión del UNEP en el Perú, aunque teníamos mucha amistad con muchos de ellos personalmente.

En la *Conferencia Anual de la Misión* tuvimos la visita de los Larcombe[392] de la oficina en Londres y también la visita del grupo AMEN[393] de Lima para aclarar su posición al trabajar en las zonas de Apurímac

---

[392] Op.Cit.
[393] En esta época se había producido un desenlace entre el AMEN de origen en Huancayo y una nueva generación liderada por Obed Álvarez, metodista, de Tarma, con sede en Lima

y Amazonas. En la conferencia se manifestaba cierta preocupación sobre el perfil de misioneros en zonas "*de peligro*"[394] y el ejecutivo de la misión fue autorizado de sacarles, cuando sea necesario, sin titubear. Otra vez decidieron sobre la ubicación de todos los miembros.[395]

En 1984, un grupo de líderes evangélicos preocupados por la creciente ola de la violencia en Ayacucho y auspiciado por el CONEP, formaron una entidad llamada *Paz y Esperanza*[396]. Me sentí comprometido con este movimiento desde sus inicios y con sus denuncias y su obra práctica contra los abusos, tanto por los movimientos terroristas

---

[394] Apurímac y Amazonas por motivos del creciente terrorismo
[395] Rosemary Flack, Quillabamba; Margarita Hale, Kawai, Marina Hurd y los McIntosh, SEL; Los Miller, IEP Lima Sur; Susana Noble, IEP Sínodo Sur Centro Andahuaylas; Los Scott, IEP Lima; Los Sterkenburg, IEP Sur, Abancay; Los Stevens, IEP Amazonas; Meg Swanson , IEP sur-centro Andahuaylas
[396] Primera Revista de *Paz y Esperanza*, Nov. 1984 Editor Esteban Cuya, Presidente Pedro Arana

como también por las llamadas "*fuerzas del orden*". Como parte del esfuerzo de la entidad, doce familias fueron reubicadas en el Alto Mayo[397]. Las cifras de ese año mostraban la muerte de 86 evangélicos; 16 "desaparecidos"; y 18 encarcelados sin juico[398].

Esta estadística oficial no reflejaba la realidad en el campo; el número de evangélicos muertos, desaparecidos, abusados y encarcelados, era mucho más alto.

1985 - AÑO INFELIZ

---

[397] Caserío *Nueva Esperanza por Rioja*
[398] *Oficina de DDHH* Nov.27, 1985

En mi primer informe del año escribí: *Tengo la sospecha de que este año será un año infeliz para el país con la inflación a 150% a la par con la devaluación; actividad terrorista en muchas partes; el abuso flagrante de la violencia de parte las FFAA y la policía; juntamente con la inmoralidad y el saqueo de fondos destinados al bien del pueblo. Adiós al Sol y bienvenido al Inti[399], el primero de febrero. "Cambistas" son el nuevo sistema bancario en el país.*

---

[399] 1000 soles - 1 Inti

Con la nueva computadora estábamos preparando las estadísticas y había entrenado a tres Srtas[400]en el programa del uso. Éramos los primeros en el mundo evangélico en el Perú en incursionar en esta área de programación.

Hubo casos de violencia de parte de SL y los militares en todas partes. Viajé, en febrero, por avión, ¡cuatro horas antes de la visita del

---

[400] Marta Chuquibala, Rosemary Palomino e Eunice Rojas

Papa[401]!, a Ayacucho rumbo a Andahuaylas al Instituto Bíblico. No había movilidad desde al aeropuerto a la ciudad, por la falta de seguridad. Tuve que caminar de bloqueo policial a bloqueo policial, los cinco kms a la ciudad. Me quitaron mi reloj despertador, ¡como si fuese un mecanismo para un coche-bomba! Pasé por las filas de campesinos, los fieles, con caras demacradas por trabajo y hambruna, con rosarios e *Inca Cola* en las manos, esperando la llegada de Su Santidad. Caminé a la Iglesia Presbiteriana y vi adentro un grupo de mujeres quechua en un curso de alfabetización, con dos o tres huérfanos de la violencia a su lado. Un joven desconocido entró y me preguntó:

¿Qué piensas tú de la situación?

---

[401] Juan Pablo II

¿Estaba él con SL o con la PIP[402]? Había aprendido ser un poco cauteloso al hablar con desconocidos. Dije:

A ver, solamente sé que tenemos que buscar el reino de Dios y su justicia como creyentes.

Pasé por la cárcel, que iba a ser el escenario de una masacre llevada a cabo por los militares, durante una fuga de prisioneros, poco después. Miré el cielo azul, y los gallinazos, recordando que me habían contado que eran señal de la ubicación de *fosas clandestinas* en la zona. Prediqué en el culto del domingo sobre la violencia, diciendo que la violencia inicia en el corazón del hombre, y hay que cambiar el corazón, cambiar la iglesia, cambiar la nación; y que el abuso de autoridad crea la violencia; y el mal uso de la autoridad permite la violencia.

---

[402] *Policía de Investigación del Perú*

Después del culto una hermana se me acercó a conversar. Me contaba que el mes anterior hubo una explosión de coche-bomba frente al puesto de la PIP en Ayacucho y que su hijo de doce años salió a ver lo que estaba pasando. Las "*fuerzas del orden*" hicieron "*una batida*", y su hijo no regresó a casa. Ella se fue de puesto en puesto; de la cárcel a la guarnición, preguntando por su hijo. Recibía siempre la misma repuesta:

No sabemos nada.... No podemos comentar sobre personas arrestadas bajo la Ley [nefasta] *de sospecha del Terrorismo.*

Pasaron las semanas y un día un campesino encontró *una fosa clandestina* en la afueras de la ciudad, con ocho a diez cadáveres. La Sra. reconoció el cuerpito de su hijo por la parte de su chompa remendada por sus propias manos amorosas. Al cuerpo del chico le faltaba uñas, tenía quemaduras de cigarrillo, cortes, huesos rotos y la cara desfigurada.

No sabía yo qué decirle - solo abrazarla y llorar con ella. Sería tan solo uno de los muchos casos de esa época. Me di cuenta que la violencia también incluye un elemento demoniaco, al igual lo que le hicieron los soldados al Señor Jesucristo.

Al regresar a Lima, en el ómnibus de *Hidalgo* de Andahuaylas, en treinta largas horas, vi el impacto nulo del mensaje del Santo Padre. Me acompañaban, como pasajeros, siete familias con catorce niños de menos de siete años, rumbo a los PPJJ de Lima; cinco soldados no uniformados por temor a SL, pero con sus pistolas en sus pantalones, dejando un mundo aborrecido por ellos, por la familiaridad de la Costa, y solapadamente recibiendo abuso en quechua por los demás; y dos "pequeños negociantes", ni juez, ni parte del mundo revuelto, con dos ovejas escondidas abajo en la bodega, para hacer negocio en Nazca. Arriba en la puna, los militares del puesto nos hicieron bajar y caminar en la lluvia y la oscuridad por el pueblito de Ocros, por temor de un coche-bomba o un asalto a mano armada. Muchos de los pasajeros y la línea de ómnibus mismos pagaban "cupos" (sobornos) a SL para viajar. El ómnibus del *Cóndor de Aymaraes* que salió antes de nosotros fue asaltado por SL en la bajada, con la muerte de dos policías en el atraco; y luego los cartuchos de dinamita escondidos por ellos se reventaron más abajo, destruyendo a todos abordo. ¿Cómo podría el Santo Padre comprender todo esto en solo una hora de presencia?

Al regresar a Lima tuve que tratar con la enfermedad seria de una[403] de las misioneras e internarla en el *Hospital Adventista* en Lima. Como resultado de una investigación quirúrgica era menester enviarla a su país de Inglaterra acompañada por una enfermera[404] de nuestra misión. En el atardecer, en la puesto de sol sobre el mar, tuve una visión de que la Srta. iba a morir. No le dije nada a ella y por la gracia de Dios al operarla en Inglaterra se recuperó y pudo regresar al Perú, para un ministerio fructífero, pero poco tiempo después, murió de cáncer.

En abril, el Presidente Alan Gracia fue elegido y comenzamos el reino del "*Tío Alán*" y su famoso "*pan común*" y "*balconazos*" - un

---

[403] Srta. Margarita Hale de la Unión Bíblica en Kawai. Murió en Inglaterra en Oct. de 1989
[404] La Sra. Anita de Morse quien estuvo de paso en el Perú, esposa de don David Morse, predicador y biblista de RBMU

intento de reducir la importación de la harina blanca, y largos mensajes al *"populorum"*[405]. Inició el proyecto del *"tren eléctrico"* que en el último día de su gobierno hizo un viaje precario por parte de la ruta y se estancó. Sin embargo, en la TV Canal 7 del gobierno, retrocediendo la película, aparecía como si el tren regresaba a Villa el Salvador. Solamente que en el trasfondo ¡se veía a los carros y la gente avanzando al revés!

En junio de 1985 escribí una ponencia sobre *la Presencia de la Iglesia evangélica en el Perú*[406] para una consulta del CONEP. afirmando que: *la Iglesia Evangélica está "presente" en una nueva manera; es "minoritaria" pero en el sentido de ser luz, sal y levadura en la masa; es "terrenal" que quiere decir que está "a ras del suelo"; es*

---

[405] Tulio Llosa, un cómico de la época hizo mucha referencia a él en su "sketch" del partido *"PAPEPIPOPU"*
[406] NLS/BNE 7pp

"permanente", porque otros fenómenos (como SL) pasarán, pero la Iglesia, nunca pasará; es siempre "del porvenir" - es "La iglesia del Tercer Milenio".

Iglesia Alianza Cristiana y Misionera
CERRO DE PASCO

CONVERSATORIO
1,985

Nombre *Dr. Stuardo McKinly*
Lugar *EXPOSITOR*

En agosto de 1985 se llevó a cabo la *Conferencia Anual de la Misión*. Había perdido interés en los debates sobre la posible unión con el UNEP porque para mí, ¡no estaba "*dónde queman las papas*"! Me sentí aliviado que no fui elegido de nuevo, después de doce años, como director de la MPI.

Además no estábamos seguros del plan futuro de Dios para nosotros con miras de regresar a Escocia en diciembre de ese año.

Cerro de Pasco era un centro de mucho frió físico, pero de mucho calor espiritual. Dormí en una casa con seis frazadas encima como si estuviese en una prensa. El conversatorio giraba en torno a cómo enlazar la obra evangelística de la sierra y la selva de la ACYM por Tingo María adentro. Otro participante, don Pedro Hocking, un fanático de mantenerse atlético, comenzaba sus ejercicios a las cinco de la madrugada. Me sentía avergonzado, pero aun así me quedé "enterrado", durante sus ejercicios y sus oraciones.

Al regresar a Escocia en diciembre de 1985, participé en una *reunión con la directiva de la UKRBMU* en Londres, cuando hablamos más sobre la estructura de la Misión en el Perú y sentí una incomodidad, no tanto por la Misión y su ministerio valioso en sí, sino en cuanto a nuestro papel dentro de ella. Nos dimos cuenta, ambos partidos, que nuestros ministerios y nuestras visiones eran distintas. Nos retiramos de la Misión RBMU/MPI, después de veinte años, pero prometimos trabajar por ella hasta junio de 1986. Como resultado, 1986 iba a traer un cambio enorme en nuestras vidas.

Al final de diciembre volví de nuevo al Perú como expositor en *Explo '85,* en el campo de la Feria del Pacífico, Lima. Era un encuentro juvenil, con casi mil jóvenes de todo el Perú. Di dos conferencias sobre el tema del Explo: *Ven, ayúdanos cambiar el mundo*, tituladas *Visión, Misión y Evangelismo* y un segundo *Llamamiento, Discipulado y Ministerio*[407].

---

[407] Ambas en NLS/BNE

Fue muy conmovedor ver a tanta juventud evangélica, reunida por primera vez en esta forma en el Perú, deseosos de saber la voluntad de Dios para sus vidas

....

1986 - OTRO CAMINO

Durante esa estadía en Escocia, ayudando a nuestros hijos en su programa de Universidad y colegio, oramos y añoramos mucho al Perú. A lo largo de los veinte años vinculados con él, nuestras amistades y nuestro ministerio había llegado a tornarse alrededor de personas y entidades peruanas, más que con las entidades y a los misioneros/as extranjeras. Después de mucha oración y reflexión, a principios del año, en el mes de enero, Juanita y yo formamos una entidad, sin fines de lucro[408], en Escocia titulada

Macresearch - al servicio de la misión de Dios alrededor del mundo. Su propósito*: Servir a la misión y a la iglesia alrededor del mundo;* su alcance*: prestar atención a áreas del mundo que necesitan ayuda en formar su propio liderazgo y ser un elemento catalista en su avance;* su perspectiva*: evangélica, afirmando que la Palabra de Dios es vigente para toda dimensión del mundo de hoy y de mañana;* vinculación: *mantener vínculos preferenciales con entidades fraternales como RBMU, SEL/EST, CONEP, FTL, CEMAA, AMEN, etc.; es humano-céntrico, creyendo que no necesitamos una estructura física masiva, sino aprovechar de, y ayudar a otras entidades vigentes*[409]. Para facilitar nuestras publicaciones, conseguimos nuestro propio *ISBN,* que íbamos a prestar luego a muchos nuevos autores evangélicos en el

---

[408] Bajo el *Partnership Act , GB 1890*
[409] *Estatutos*, enero de 1986

Perú, antes de la formación formal del
Editorial PUMA

Buscamos un *Cuerpo de Consejería
Internacional*[410] para velar por nuestras
actividades y nuestro bienestar. Era todo un
paso gigantesco de fe. En los estatutos
dijimos que no entraríamos en préstamos ni
nos endeudaríamos, creyendo que "*la obra de
Dios, hecha de acuerdo con Dios, nunca hace
falta la provisión de Dios por Dios mismo*",
según el famoso misionero Hudson Taylor,
fundador de la *Misión Interior a China
(CIM)*. Además, nuestros sueldos no pasarían
el sueldo mínimo del Gran Bretaña. Una de
las iglesias que nos apoyaban en oración y
con donaciones se comprometió a seguir
apoyándonos en esta nueva etapa de servicio,
y algunos individuos y familiares también,

---

[410] Incluía a Samuel Escobar, nuestro pastor local, Sr. Oliver de Tear Fund, Christopher Smith del CSCNWW, y un médico, Dr. Malcolm Fergusson

pero los ingresos en su mayoría, tendrían de venir de la obra de nuestras manos. Durante el tiempo de establecernos trabajamos como carteros del correo, traductores por *Tear Fund* y en las faenas agrícolas, en Escocia, para de alguna manera proveer para los viajes y luego la estadía en el Perú.[411]

En mayo de 1986, pude regresar al Perú y seguir enseñando en el *programa de posgrado*[412] con siete estudiantes por el primer semestre antes de volver a Escocia a fines de junio. Participé[413] en un *Encuentro de doscientos líderes de comunidades nativas* en Callao, Ucayali[414]. Ezequiel Romero de la ILV dio dos discursos sobre *La realidad pluricultural y plurilingüística de la Amazonía, y* Tito Paredes de CEMAA expuso

---

[411] Clausuramos *Macresearch* como entidad en 2011 con ¡25 años de la fidelidad de Dios a nosotros!
[412] *Historia y Principios de misión en AL* (NLS/BNE)
[413] *Comunicación del evangelio en la selva peruana NLS/BNE*
[414] 29 de mayo-2 de junio

sobre *Etnocentrismo y misión transcultural.* Como resultado se forjaba mejores lazos para trabajar en la evangelización de la selva.

En este tiempo se publicó la sugunda edición mi libro, *Introducción a la Misiología Latinoamericana.*[415] La primera edición de mil ejemplares se había agotado No era enfocado al mundo académico, sino a la

---

Iglesia en su tarea de misión[416]. Durante los meses al final del año, de nuevo en Escocia, seguí escribiendo materiales y haciendo investigación histórica sobre la obra misionera en el Perú, incluyendo *un registro de las fuentes históricas de misión al Perú* [417] desde fuentes en Gran Bretaña. Enfoqué a la misión urbana con una ponencia sobre *Los macro-elementos en la Misión urbana*[418]; con el crecimiento desmedido de las ciudades, era tiempo de prestar atención a cómo hacer misión en las zonas urbana.

A fines de diciembre de 1986 aceptamos una gentil invitación de enseñar en el *Eastern Baptist Theological Seminary* en Filadelfia, donde nuestro amigo y colega Dr. Samuel Escobar era catedrático. Juanita enseñaba *Griego del Nuevo Testamento* y yo *Misión y*

---

[416] Prefería escribir para los *agentes de cambio, es decir, la Iglesia* y no *al mundo del academia*
[417] pp535-45 en *Protestantismo en el Perú*, Samuel Escobar. ISBN: 9972-701-25-5, 2001
[418] NLS/BNE 4pp

Cultura. Pasamos un par de meses allí en la nieve.

....

1987 - REVISIÓN DE LA HISTORIA

En 1987, Juanita y yo pasamos mucho tiempo en la preparación de un borrador de tres tomos de *La vida y ministerio del Dr. Herbert Money*[419]. Había *"conseguido"*[420] sus memorias en forma inédita y le sugerí que *Macresearch* las publicase. Para finalizar el proceso fui a visitar al jubilado Dr. Money en Nueva Zelanda en su casa y pasé tres semanas allí en junio repasando el material; y visitando el *Instituto Bíblico* en Auckland. Al

---

[419] Op.cit.
[420] ¡El famoso proceso del "saqueo evangélico"!

publicar las memorias[421] en 1988, pude hacer mis propios comentarios[422] sobre el texto y sus pensamientos y acciones de los 50 años en el Perú (1916-1966). Money era el último de los grandes *"caciques"* de la obra misionera en el Perú, pero uno que dio su vida para el Perú y fue premiado por una condecoración *"Sol de Oro"* por el gobierno peruano en 1966.

En setiembre de 1987 regresé a Lima para la *Consulta Nacional sobre la Misión de la Iglesia,* auspiciada por el CONEP[423] . ¡Al último momento me cambiaron el tema de mi ponencia! y me dieron *El Papel de las Misiones en el mundo contemporáneo[424].*

---

[421] *The Money Memoirs* (3 tomos) 1899-1970 ISBN: 1-871609-04-6 c. 300pp. 1988

[422] Muchas veces escribía con pie de pág. *"El editor quiere distanciarse de esta manera de percibir la realidad de la Iglesia y el mundo peruano"*

[423] 28 set -02 de octubre en Lima

[424] p209-212 en *Consulta Nacional sobre la Misión de la Iglesia,* Imprenta Quiñones 1987, 279pp

Había setenta y nueve participantes de misiones, denominaciones y entidades evangélicas y unas veinte ponencias, hablando de modelos de misión y misión entre varias culturas peruanas, y tiempo para grupos de reflexión. Mi trabajo, con sus cuatro puntos principales, iba a causar malestar entre muchos de los participantes de las misiones extranjeras tradicionales. Decía yo que habíamos llegado al tiempo de ¡*la menopausia de las misiones*! y que era imposible seguir el mismo papel de antes.

Demostré esta tesis en cuatro maneras:

1) *La búsqueda de las misiones de cambiar la realidad socio-geográfica para ofuscar la presencia de la misión hecha por la Iglesia del Tercer Mundo;*

2) *La búsqueda de sobrevivir como sea, juntándose en nuevas sociedades/entidades, muchas veces a espaldas del Tercer Mundo;*

3) La búsqueda del control misiológico desde sus centros académicos de poder en Europa y en Norteamérica, con acaparamiento de materia prima, y docente del Tercer Mundo;
4) La difusión de modelos misiológicos suyos, aplastando nuevos intentos de misión desde el Tercer Mundo.

Como resultado un par de misiones y personajes extranjeros escribieron al CONEP pidiendo el retiro de su servidor del Perú y pidiendo que presente una disculpa por escrita a las misiones "difamadas" y por el uso de una terminología ¡no pulcra! Como la amistad y la comprensión nacional en el CONEP, eran de décadas y a mi favor, el Presidente del CONEP[425] me aconsejó:
¡Escríbales una cartita, no más. Ya sabemos... ¡no pasa nada, hermano!

---

[425] Pastor Carlos Álvarez de las Asambleas de Dios

Enseñé mi curso posgrado sobre *Misión para el Tercer Milenio* a nueve estudiantes en el SEL. Fui invitado a ser parte de *La Comisión de Paz y Esperanza del CONEP*. Fui con Caleb Meza, uno de ellos, a Morales, San Martín y oímos, de primera mano, sobre los abusos de los militares y los actos de terrorismo del grupo MRTA[426]. Di una ponencia sobre *La dignidad humana y la Palabra de Dios*[427].

Durante este tiempo, trabajé también en el área de la estadística de PROMIES y retorné de nuevo a Escocia en diciembre de 1987.

....

1988 - DE VUELTA AL BARRIO

---

[426] *Movimiento Revolucionario Túpac Amaru*
[427] NLS/BNE

.Salimos de nuevo para el Perú en octubre de '88 para enseñar de nuevo en el SEL y de paso experimentar la amistad peruana en una fiesta con nuestros amigos, por nuestras *bodas de plata*[428] postergadas. Volvimos de nuevo a Escocia el 21 de diciembre. Durante este tiempo Juanita se ganó la vida enseñando en el *Colegio San Silvestre* junto con nuestra hija profesora, Alison. Juanita también seguía con estudios bíblicos caseros y consejería a amistades. Mientras que estuvimos en el Perú, ¡la inflación se elevó a 2000%! Fui a la Ciudad de México con los de la FTL para su consulta en *Misión Urbana*. Había preparado materiales sobre esta área antes en el Perú y juntamente con Tito Paredes y Wilfredo Canales[429] habíamos estado empujando esta área en el Perú. *El departamento de Misiología*, comenzado en

---

[428] Nos casamos el 24 de agosto de 1963 en *Vernon Chapel* de los Hermanos Libres, Sutton, Inglaterra
[429] líder nazareno

1980, ahora estaba en las manos hábiles, de un peruano, y uno de sus primeros graduados, Lic. Oswaldo Fernández[430]. Se agotó mi primera edición de *Introducción a la Misiología Latinoamericana* y seguía revisándolo, juntamente con una nueva edición de *¿Qué es la TL?* también agotados los 3,000 ejemplares. En diciembre de 1988, después de participar en *un encuentro de la FTL en México*, volvimos a Escocia y nos quedamos allí hasta julio de 1989

1989 - ENTRE SOMBRA Y LUZ

Viajamos al Perú en julio de 1989. La familia también regresó por un tiempo para estar en el matrimonio de nuestra primera hija Alison, en agosto. Durante las preparaciones para el matrimonio, los "*apagones*" eran el pan de cada día, juntamente con los coche-

---

[430] Ahora doctorado en ISEDET y catedrático en Chile

bombas[431]. Era una época de la creciente violencia en la región. En el mes de abril, Caleb Mesa de *Paz y Esperanza* dio un discurso a un grupo de misioneros extranjeros sobre la situación. Este, con otros acontecimientos, como el enorme coche-bomba en Miraflores, hizo que muchas entidades evangélicas retiraran a sus misioneros del Perú. Para algunas iglesias nacionales esto fue vista como un paso positivo, ¡facilitando *dar la batuta* a sus propios miembros!

En el mes de octubre pasé a una *Consulta de la FTL* en Quito. Hubo gente presente del lado de la misión católica y del lado del COMIBAM. Por lo tanto hubo una discusión dinámica, pero los autóctonos fueron

---

[431] Un recuerdo la violencia de esta época se encuentra en mi archivo en NLS/BNE con recortes periódicos recopilados por el ex senador APRISTA , José Ferreira, primer evangélico en el primer gobierno de Belaunde Terry

marginados, como muchas veces, por la dinámica mestiza prevalente. Algunos tuvimos que solidarizarnos con los autóctonos, dado el concepto que en cierto modo ellos eran vistos como "*un problema*" de parte de la Iglesia y los gobiernos andinos. Hubo énfasis en la necesidad de la traducción de la Biblia en todas las lenguas del continente y hubo quejas de que el ILV en América Latina no había entrenado a los de la Iglesia del continente en el área de traducción. Notamos también que se avecinaba "*la Historia de 500 años*" y que debíamos como FTL tomar cartas en el asunto.

Tuve el privilegio de conversar con Washington Padilla, autor de un libro polémico "*La Iglesia y los dioses modernos*", y encontré en él un hermano quien, a vísperas de la muerte, me ensenó mucho en cuanto a la lucha de un latino por ser escuchado en el contexto de las misiones extranjeras,

En noviembre fui a Bolivia a La Paz y a Cochabamba, con miras de establecer un vínculo con los departamentos de posgrado en el *Seminario Bautista* y el *Seminario Jorge Allen.* Llevé a un estudiante[432] del programa posgrado conmigo como experiencia y luego, al volver a La Paz, tuvimos contactos con una iglesia carismática que tenía su centro de ayuda social y un programa de TV. Fui entrevistado por la TV y hablamos también de la posibilidad de incursionar en la política como evangélicos en Bolivia. Luego iba a formarse un partido llamado "*Árbol*".

---

[432] José Racchumi de la ACYM en aquel entonces

Durante este tiempo estábamos viendo que nuestros vínculos con la Iglesia en el Perú y una parte de nuestro sostén económico por medio de ella, nos daba un profundo sentir de amor y de gratitud por el privilegio de ser considerados "*más peruanos que el ceviche*", como uno decía.

En mi trabajo titulado *Teología y Misión - un ensayo para la década de los noventa*[433], concluía diciendo:

« *En su libro 'Hablar de Dios desde el sufrimiento del inocente', Gustavo Gutiérrez decía: —¿Cómo hablar del Dios de la vida en lugares que se asesina masiva y cruelmente?*

Como evangélicos, tenemos que responder con humildad, pero con optimismo, que nosotros hemos estado como evangélicos en misión y en la teología del evangelio de la fe

---

[433] Octubre de 1989 2pp NLS/BNE

y de la justicia; en la esperanza en Cristo Jesús y en el amor de "todo dar", tanto al Senderista como también al militar».

En noviembre de 1989 escribí una ponencia sobre *Teología y Realidad en el SEL/EST*[434] . Era una ligera queja de que durante los años de mi presencia allí, había sido yo, casi el único profesor a tiempo completo, que había publicado, o que había dialogado internacionalmente, dentro y fuera de la Iglesia evangélica, sobre su especialidad, salvo un caso que otro[435], Me quejaba de que en los años de debate sobre la hermenéutica y otros temas doctrinales, como los de la TL, los de Alberto Mottessi[436] y los de Bernardo Campos[437], o del Seminario en Costa Rica[438],

---

[434] NLS/BNE

[435] Lic. Pedro Torres, sobre el texto del AT; aunque Tito Paredes había publicado a nombre de CEMAA

[436] Evangelista argentino y estudiante del SEL ahora catedrático pentecostal

[437] Estudiante criticado por algunos su posición forénse de investigación y luego por ser pentecostal, ahora catedrático

los del aérea en el SEL casi no habían escrito ni pronunciado nada.

Escribí un trabajo para una *Consulta Mundial Presbiteriana* sobre Macro-economía y el Evangelio titulado "*Trabajo y descanso en la Palabra de Dios, desde una perspectiva latinoamericana*"[439]. Fue otro momento cuando mi di cuenta que a pesar de tener "un corazón peruano" tenía al final de cuentas, "cara de gringo" y otro se fue a la conferencia en mi lugar.

En diciembre tuvimos una reunión de profesores del *Depto. de Misiología, SEL* en cuanto a mi concepto - *La misiología como una nueva manera de hacer teología.* Invitamos a los del Dpto. de Teología del SEL/EST, pero no aceptaron participar. La

---

[438] Criticado por su posición "abierta"
[439] 18pp en NLS/BNE.

Misiología era considerada por ellos y por muchos otros como, ¡*ni bíblica, ni científica!* El Profesor Leo Smelt[440] habló de la necesidad de estar en el contexto para hacer exégesis; Profesor Victor Arroyo, afirmó que era menester tomar en cuenta los estudios socio-religiosos como factores condicionantes en la teologización; el Dr. Ken Scott[441] habló del *modelo fenomenológico* en hacer investigación; y el Dr. Tito Paredes habló sobre su reciente libro, *El Evangelio en Platos de Barro.* Al final acordamos que *el modelo de estudio y de teologización, en términos misiológicos, debe ser interdisciplinario, a ras del suelo, flexible, documentable, praxeológico, polémico e internacional.*

---

[440] Holandés
[441] Op.cit.

Al final de año publiqué "*The Life and Times of John Ritchie, 1879-1952*[442], uno de los pioneros de la RBMU, quien llegó al Perú en 1906 y quien fue, entre otras cosas, instrumento en cambiar *el Art.4 de la Constitución Peruana* que no permitía el ejercicio de otra religión, salvo la Católica Romana, y considerado él, como uno de los fundadores de la IEP y el CONEP.

Además Juanita y yo comenzamos una revista en inglés intitulado el *M.R. Bulletin*[443] . nn ediciones trimestrales por cuatro años.

[442] 125 pp. ISBN 1-879601-00-3.
[443] ISSN 1-0995-1050

The M.R. Bulletin
vol.2 nu.4 1988

Ibero-Amerindian Missiology

Escribí artículos sobre la misiología y la realidad peruana bajo el seudónimo del Dr. Julio Vargas e incluía artículos de estudiantes y amigos de América Latina, traducidos al inglés. Se difundía el Boletín entre todos[444] los centros y las universidades académicos de misión en el Gran Bretaña y varios en los EEUU, con miras a resaltar la contribución de América Latina al debate de la misión mundial.

En el último semestre intenté llevar a cabo un modulo sobre *Teología andina y medicina popular*[445] a nivel bachillerato. No pasó de más de dos clases, por posiciones encontradas entre invitados, que por un lado apoyaban el uso de la medicina popular en las reuniones de convenciones de iglesias en la Sierra y Selva, y por otro lado veían este "mundo" como endemoniado y totalmente inaceptable. Al final, el rector me pidió que cerrase el módulo para "*no entorpecer la vida de la institución*".

---

[444] Tuvo una circulación pagada o a cambio, de unos cien ejemplares por edición
[445] Algunos apuntes en el archivo en NLS/BNE

....

1990 - AÑO DE LA VIOLENCIA Y LA POLÍTICA

De nuevo regresamos a Escocia por dos meses, a principios del año. Durante ese tiempo recibí una beca[446] que me permitió estudiar[447] el *fenómeno de la Violencia* y escribir sobre ello para el bien la situación en el Perú[448].

Durante los doce meses de 1989, más de 12-15 mil personas murieron en la violencia en el Perú. Más de 225 personas murieron en la segunda semana de enero de 1990, entre ellos un pastor que rehusaba dejar de predicar y fue

---

[446] Allan Stibbs Memorial Trust
[447] Utilicé la biblioteca de New College, Edimburgo y otras fuentes
[448] Publicado en la revista FTL y expuesta en una consulta de la FTL en el Perú 16pp NLX/BNE

fusilado por SL[449]. Más de 360 torres de alta tensión fueron dinamitadas por SL, resultando en apagones a cualquiera hora del día. Con el retiro de las autoridades por miedo en muchas regiones, la única autoridad llegó a ser, el pastor evangélico. Dimos gracias por la salida de la cárcel del Pastor Hilario Quispe, encarcelado por 10 años bajo sospecha del terrorismo por haber firmado un documento en castellano que no entendía, como quechua hablante[450]. Recibió una compensación de ¡un sol por cada día! No solamente había violencia sino también corrupción. En el último día de su mandato Alan García agregó ¡1300 nuevos nombres a la lista de trabajadores del Consejo de Lima para percibir sueldos y pensiones!

---

[449] Zona Chakeq Pampa, Ayacucho

[450] Iba a haber otros casos más flagrantes como el pastor Juan Mallea de la ACYM apresado por mera sospecha de estar en un taxi que contenía un folleto de SL en el piso. Lo triste fue que ¡la Iglesia ACYM en general no le creía!

No pude asistir a la *Primera Consulta de la Teología Andina* auspiciada por CEMAA. Sin embargo mandé una carta haciéndoles recordar que no se podía hacer teología sin vivirla.

En marzo retornamos al Perú, y nos encontramos en la fiebre de la política. Por la derecha, el autor Mario Vargas Llosa. No tuve ninguna simpatía hacia él, aun habiendo sido un lector ávido de sus novelas. Estas manifestaban un desdén enorme por el Perú, los pobres e inválidos, y el mundo andino, por su trasfondo difícil de chico. Con cuarenta y seis partidos participando en la elección hubo un vacío político que Alberto Fujimori, con su astucia, iba a rellenar.

Al principio, había un debate entre nosotros en CEMAA: ¿cómo insertarnos en la vida política del país? Alan García nos había llevado a una crisis económica y social apocalíptica, y había prestado poca atención a la situación o la solución de la violencia en el país. En ejemplo clásico de nuestro disgusto con él y el APRA fue que teníamos recursos de donantes en bonos de dólares en el banco, para la ayuda económica, de los damnificados en Ayacucho, cuando de un momento a otro el gobierno decidió cambiar las reglas y apoderarse de los dólares y convertirlos a intis. Tito Paredes y yo fuimos al banco en San Isidro a retirar los fondos, ahora en intis, en paquetes de billetes de a cincuenta y cien, y con bolsas de los billetes mugrientos, salimos a la calle a cambiarlos de nuevo a dólares con los "cambistas". Los negociantes estaban retirando sus intis en la mañana de los bancos y cambiándolos de pronto a dólares y ¡cambiándolos de nuevo en la tarde! Tal era la devaluación.

Nos interesaba lo que estaba ofreciendo el Ing. Alberto Fujimori. En su campaña por la selva y sierra estaba prometiendo velar por el campesino y gobernar *"con la Constitución en una mano y la Biblia en la otra"*. Victor Arroyo de la IEP y Carlos García de los bautistas decidieron agregarse a la lista, habiendo conseguido suficientes firmas en las iglesias. La noche de las elecciones estábamos sentados delante de la TV en la casa de los Paredes y nos dimos con sorpresa que Fujimori había ganado y que don Carlos iba a ser ¡un segundo Vice-Presidente! y don Victor un senador y luego un secretario del Senado. Don Carlos estaba fuera del país en una campaña evangelística, sin imaginarse en absoluto que el partido iba ganar de tal forma.

El siguiente domingo Tito Paredes y yo acompañamos a don Victor al *Centro Militar* en San Isidro, donde se llevaba a cabo una reunión de los nuevos ganadores, para conversar con los militares en cuánto a cómo sería la relación entre el nuevo gobierno y las fuerzas de orden. Obviamente, siendo extranjero y no elegido, me quedé en el carro observando el proceso de las discusiones, pero estábamos muy adentro del cuartel.

Aquí entonces, doy mi hipótesis de lo que pasó en esas dos horas y medio de la tarde. El primer hecho es que los elegidos evangélicos no fueron invitados a pasar adentro con el grupito de Fujimori y sus secuaces al salón con los más altos jefes militares. Mi hipótesis, que se puede justificar por los hechos venideros de los años del *fujimorismo*, es que adentro se hizo un acuerdo, que los militares dejarían ir adelante a este tenue gobierno civil, con Fujimori como títere. Además los militares podrían respaldarle por medio de una "*victoria supuesta suya*" sobre el terrorismo, habiendo ellos ya ubicado disimuladamente a Guzmán.

Abimael Guzman:

A cambio, los militares seguirían, como de siempre, *con las manos en la masa*, facilitándoles así el poder de nuevo de "proteger" o "desbaratar" a quienes les antojaban, y así, con el desenlace del vínculo de SL y los narcos, aprovechar ellos mismos del narco-tráfico y no necesariamente para el bien del país.

Nuestro mundo de CEMAA iba a cambiar. Carlos García vivía a tres casas de nosotros como familia y nuestra calle llegó a ser bloqueada con patrulleros y policías armadas. Don Victor viajaba en carros blindados con dos carros policías. Tito llegó a ser un "*consejero*" y pudimos ir a visitar a don Victor en el Senado, pero supimos que "*los mil ojos*" de SL estaban fijados en nosotros.

En mayo recibimos la noticia del sencillo fallecimiento del Pastor Vicente Coral de Lamas, uno de los pioneros de la obra en San Martín y uno de los primeros convertidos de la Srta. Ana Soper. Pero también en mayo[451] iba a ocurrir un fatal desenlace entre algunos profesores en el SEL/EST, y la entidad misma de CEMAA[452].

---

[451] 12 de mayo de 1990
[452] Presentes: Los esposos Arroyo, Los esposos Fernández, Los esposos McIntosh y los esposos Paredes

En la reunión del grupo de liderazgo de CEMAA se anotó:

«... que hubo un intento claro de mantener la dirección y liderazgo en el SEL/EST en manos de las misiones extranjeras; el trato desigual que recibieron algunos de los profesores nacionales; una manipulación de cursos en desmedro de las Ciencias Sociales y la Historia; una agenda escondida de hacer una entidad interdenominacional evangélica en una institución de corte "Reformada"».

Después de cinco horas de discusiones y mucha oración, llegamos *a la orden del día* y firmamos *el acta de retirarnos*[453]. Luego quedó claro que cada matrimonio involucrado había llegado, por separado, a la conclusión de que no había otra vuelta que dar, sino separarnos de la institución SEL/EST, no en

---

[453] No firmaron los esposos Fernández por no tener en ese momento a dónde ir con su familia ni cómo sostenerse

una manera brusca, ni a renegadientes, sino en una forma aleccionadora. Los esfuerzos y la visión de un Centro Posgrado de Misiología de trece años no debían echarse a perder. Presentamos una carta de renuncia al rector Dr. Héctor Pina[454].

Como resultado positivo del desenlace, las esposas mismas decidieron responder a una necesidad sentida al formar un programa "FEBE" - *Programa para la Promoción de la Mujer* con miras a: *estudiar y promover la participación de la mujer en el hogar, la iglesia y la comunidad; capacitar la comunicación, oración y comunión en el trabajo entre mujeres evangélicas a través de encuentros o grupos; buscar y entender la situación de la mujer en la iglesia y la sociedad; ofrecer seminarios, talleres, retiros*

---

[454] Acta Memorial CEMAA, Santa Felicia, 12 de mayo de 1990, 6pp

y publicaciones sobre temas referidos a la pastoral de la mujer; y organizar encuentros interdenominacionales.

Este programa iba a seguir por varios años después, para bien de muchas, muy en especial para las esposas de pastores y líderes que se sentían muchas veces marginadas e incapacitadas.

En agosto fui de nuevo a Bolivia, a la hacienda *Huatajata*[455] por el Desaguadero, la sede de los Bautistas, para hablar en su conferencia *II Encuentro Nacional de Misiones de la UBB*[456]. Conversé con muchos líderes interesados en el concepto de la *Misión Integral*, el mundo quechua/aymara y la política. De paso, visité las oficinas de ANDEB[457] y recordé estando presente en la

---

[455] Sede del primer experimento de Reforma Agraria en Bolivia por evangélicos en 1941 cf. Hacienda Urco, Perú, 1916
[456] Unión Bautista Boliviana

formación de ella en Cochabamba, años atrás.
Recordaba cuando dos líderes bolivianos[458]
salieron, encolerizados, escupiendo a los pies
de algunos misioneros, por su falta de respeto
a la voz y los anhelos de los hermanos
nacionales. Visité *el Congreso del Gobierno*
en compañía del presidente del ANDEB[459] y
con un abogado[460] y hablamos con el 2do.
Vicepresidente. Hablamos sobre posibles
cambios a la Constitución, de dar más
libertad a la Iglesia evangélica.

En octubre visité Trujillo para participar en
*La conferencia de la nueva Iglesia de la
ACYM.* Allí hablé sobre *El uso del arte y el
teatro como medios de la comunicación del
mensaje de Dios[461],* con énfasis en Dios como

---

[457] *Asociación Nacional de Evangélica Boliviana,* como el CONEP de Perú

[458] Eran representantes de las Sociedades Bíblicas de Bolivia y la Iglesia Metodista y fueron considerados "liberales" por las misiones formulando la asociación

[459] Kittleson

[460] Pedro Moreno

[461] En NLS/BNE

el creador artista; arte y drama medieval, las danzas folklóricas, etc. como medios de la comunicación del evangelio en el mundo de hoy y la necesidad de rescatar esta área para el Evangelio.

.Juanita regresó a Escocia a solas, a fines de noviembre, financiada en parte por la venta de sus famosos ¡*bizcochuelos de Quaker*! Me quedé hasta diciembre para participar en una reunión de la FTL en Quito, donde tuve el placer de ver a algunos estudiantes del programa de Misiología llegar a ser miembros plenos[462] de la FTL. Al final del año, la inflación en el Perú había bajado a 9.4%, aunque *el Inti* alcanzó 440,000 al dólar y hubo "solamente" cinco días de huelga de los transportistas, paralizando el país.

---

[462] Oswaldo Fernández y otros

Habíamos pasado una primera década con el *Depto. de Misiología y Estudios socio-religiosos,* con 19 estudiantes de posgrado, de varias denominaciones; con tesis publicadas[463]; publicaciones de los profesores; y más de ciento setenta monografías a nivel posgrado. Salió mi segunda edición de *Introducción a la Misiología Latinoamericana.* Es de dar gracias a Dios ver a varios de esos primeros estudiantes involucrados en el ministerio de la docencia hoy [464].

Publiqué otro libro titulado, *a* fines de 1990, *Siete ensayos sobre la realidad misiológica en América Latina*[465]. Fue producto de siete realidades: *1) La Misiología - una manera de*

---

[463] Sobre *la familia y la misión de Dios* - D. Quijada ; *Un enfoque histórico de las Asambleas de Dios* - R. Zavala; *La Misión de Dios* - E. Cárdenas; *Lima al encuentro con Dios* - M. Palomino
[464] Oswaldo Fernández; Miguel A. Palomino; Dorothy Quijada; Rubén Zavala; Darío López; Tomás Gutiérrez, entre otros
[465] PUCEMAA, ISBN: 1-871609-13-5, 57pp., 1990 el título basado en la obra famosa del José Carlos Mariátegui La Chira, 1894 – 1930

hacer teología en el siglo 21; 2) Misión y Caos - otra manera de percibir al Dios creador y misionero; 3) Misión y pluralismo - una nueva manera de ser Iglesia; 4) Misión a ras del suelo - la verdadera iglesia del porvenir; 5) Misión y migración - La Iglesia siempre en peregrinaje; 6)Misión y ser evangélico/a mañana - forjador/a no receptor/a; 7) Misión y esperanza bienaventurada

7 ENSAYOS
sobre la realidad
Misiológica en
América Latina

Estuardo Mc Intosh

....

1991 - *LA MISMA CHOLA*

Pasamos los primeros meses de 1991 en
Escocia y regresamos al Perú en marzo para

ubicarnos en dos cuartos en las oficinas de CEMAA[466]. Otra vez volví a Bolivia a Santa Cruz para participar en una reunión de motivación para el grupo de la FTL allí. Me quedé sorprendido del avance de la ciudad desde mi primera visita en 1965 y las muchas iglesias evangélicas en la zona. No me sorprendió que el pastor me dijera, que el garaje al lado que vendía carros de lujo era una fachada para ¡el lavado de los dólares de ganancia del narco-tráfico! Se notaba la permanencia de la tensión entre "*qollas*" y "*cambas*" y el impacto de la vasta inmigración de la sierra boliviana.

Una mañana en mayo, en una llamada telefónica[467] en CEMAA, oímos lo que parecían cohetes de fiesta. Resultó ser, un ataque terrorista a las oficinas de *Visión*

---

[466] Av. La Verbena, Santa Felicia
[467] 21 de mayo, 11.30am

Mundial por Breña en Lima. Tuvimos la facilidad del carro blindado del Senado, de Victor Arroyo, y los patrulleros, para cruzar la cuidad a velocidad. Encontramos una escena escalofriante de una camioneta destrozada por múltiples disparos y dos miembros de VM hospitalizados. Inmediatamente Tito Paredes tomó cartas en el asunto de los hospitales, mientras yo trataba de efectuar un proceso de "*manejo de crisis*" con Corina de Villacorta, la directora de VM, en calmar y ayudar a los de la oficina, en programar las llamadas insistentes de la TV y las radios, y las necesarias declaraciones de la Prensa[468]. Victor Arroyo coordinaba con los del gobierno. Para acortar la historia, José Chuquín, de visita de VM de Colombia, estaba gravemente herido con varios impactos de bala; Norman Tattersal, de

---

[468] De entidades como CNN, AP, UP y INS y Reuters y RRPP del Perú

visita de VM de Canadá, no pudo superar sus múltiples impactos y murió en la sala de emergencia. Me tocó escribir les a los padres de Norman informándoles de los hechos y tratando de dar razón de tal pérdida, desde una perspectiva cristiana[469]. Parecía que José iba a recuperarse, ayudado por una cadena de oración afuera de su salón, día y noche, hasta que se le trasladó por avión a Miami donde falleció días después con su esposa y su familia a su lado. Durante el proceso de la despedida en un vuelo médico, en el aeropuerto puse, por equivocación, su cartapacio sobre el mostrador para tratar con la documentación. La chica me preguntó:

¿Por qué tiene tantos huecos?

Son de 19 impactos de bala y le salvó la vida. contesté yo, sin pensar.

---

[469] Copia en NLS/BNE

¡La chica casi se desmayó! Cabe recordar que veintiún mil personas murieron, víctimas del terrorismo en diez años, 1980-90.

TAWA[470] celebraba su XIII Aniversario en Chaclacayo. El día de la celebración, recibimos la noticia que, supestamente, elementos de SL estaban atrincherados en el cerro arriba del sitio. Victor Arroyo llegó en su carro blindado y Tito, Victor y yo nos sentamos en la primera fila, como los huéspedes de honor. Decidimos como nos

---

[470] *Tawantinsuyuman Allin Willakoq Apaqkuna - los que llevan las Buenas Noticias a todo el Perú formado del Comité Quechua/Quichua*

tiraríamos al suelo si hubiera disparos. Dije a los dos,

Porfa, no se echen encima mío, ¡no quiero morir aplastado por gordos!

A pesar de esto, fue conmovedor recibir certificados de reconocimiento por nuestras labores a los largo de esos años de su formación y ministerio. Recibimos chalecos vistosos hechos a mano con símbolos de TAWA.

CONEP seguía su desempeño de pronunciar sobre los hechos nefastos de SL, el gobierno y los militares y después de 19 años su secretario, Pedro Merino Boyd, se jubiló. Entre otras comunicaciones, el grupo CEPS[471]

---

[471] CEPS (Centro Cristiano de Promoción y Servicios - Perú) fue considerado por algunos evangélicos como "*muy ecuménico y liberal*", sin embargo hizo un papel importante en la difusión informática de la situación de la Iglesia en esos tiempos difíciles

, ya en su tercer año de existencia, seguía en la misma manera de informar al pueblo evangélico sobre los acontecimientos de violencia.

En la edición de abril iba a publicar mi artículo, afirmando que *la Misiología es la nueva manera de hacer Teología*[472].

Como resultado de mi trabajo sobre *la Violencia en el Antiguo Testamento* volví a considerar el tema de *la ira de Dios en el AT*[473] que se quedó en borrador de 4pp para las

---

[472] NLS/BNE archivo
[473] NLS/BNE archivo

nuevas clases posgrado de *FE - La Facultad Evangélica* que se formó dentro de CEMAA y llegó a ser FEOC a nombre del puertorriqueño misiólogo Orlando Costas[474]. Comenzamos el semestre con 17 estudiantes de posgrado.

Tuvimos el privilegio de participar en una nueva acta de fe redactada por los de la ACYM de Miraflores al abrir, en setiembre de '91, una nueva manera de evangelizar en la clase media-alta en Monterrico, con el Pastor Javier Cortázar y un equipo de miembros de esa iglesia.

En noviembre de 1991, CONEP y CEMAA llevaron a cabo una reunión sobre *Una visión evangélica de los 500 años*. Hubo mucha

---

[474] Dr. Orlando Costas, 1942-1987. De 1980 -1984, Thornley B. Wood Profesor de Misiología en Eastern Baptist Theological Seminary en Filadelfia y miembro de la FTL

discusión e interpretación sobre este tema, incluyendo *la leyenda blanca* y *la leyenda negra* de la llegada de los españoles[475]. Presenté mi trabajo *La historia es gris - Una interpretación de los 500 años*[476] No tuvo mucha aceptación, muy en especial entre los que no habían prestado atención a *los Cronistas* y otras fuentes de aquella época, y que, más bien, se refugiaron en sus posiciones ideológicas del siglo XX.

En diciembre Juanita y yo viajamos a Quito para una reunión de ALIET[477] y tuvimos la oportunidad de visitar hermanos amigos y las instalaciones de HCJB[478]

---

[475] Trabajos de Tito Paredes sobre *los 500 años desde una perspectiva indígena* y T. Gutiérrez sobre *Piratas, artesanos y locos - herejía Luterana del Siglo XVI*
[476] NLS/BNE
[477] *Asociación Latinoamericana de Educación Teológica*
[478] Radio y Televisión cristiana de Quito (**H**eralding **C**hrist **J**esus's **B**lessings)

Con cierta desesperación mía, viendo la necesidad de resaltar fuentes históricas, había publicado, en inglés, un trabajo sobre José de Acosta (1560-1600)[479] . Más adelante, recibí un premio de la *Pew Foundation* de los EEU por investigar su aporte a la misión de Dios, y por traducir su obra *De Procuranda Indorum Salute*, al inglés, por primera vez, desde unas traducciones al castellano del siglo XIX[480]; haciendo luego una comparación con el manuscrito original en latín, sin las "*correcciones*" de la *Santa Inquisición*, encontrado en Salamanca en 1963. Nos costó más de tres años de vida de investigación y traducción a Juanita y a mi; con visitas a España: Medina del Campo; Salamanca; Alcalá de Henares, entre otros lugares.

[479] *Acosta & the De Procuranda Indorum Salute - un modelo de la misión del siglo XVI con miras al siglo XX* ISBN 1-871609-07-0, Macresearch, 1989, 43pp
[480] BAE LXXIII p.22-302 y Mateos MCMLII y el texto publicado por el CSIC, Madrid en latín

Publicamos la obra en dos tomos con nuestra casa publicadora[481], no teniendo recursos suficientes para publicarla con el *Editorial Orbis*[482]. Por primera vez en inglés, esta obra fundante, el primer libro de la misiología de América Latina y libro de ensayo par el movimiento misionero jesuita en China y en Japón, tuvo su debido lugar en *el mundo "academe"* de la misiología.

Tuve la oportunidad en junio de ir a Brasil a participar en dos reuniones, una semana de enseñanza en un *Centro de misiones*[483] y luego en una *Consulta de la FTL*. Visité además el *Centro de Preparación Misionera* en Minas Giráis. Durante mi estadía en Sao Paulo visité la iglesia misionera formado por Jorge Bazo y su esposa Antonieta, un modelo

---

[481] *José de Acosta, 1400-600, De Procuranda Indorum Salute* Vols I & II ISBN 1-871609-70-4, Macresearch, 1995-96 , 304pp
[482] ¡Pidieron una cuota inicial de cuatro mil dólares!
[483] *Valle de Bencau* en las afueras de Sao Paulo

de misión desde la ACYM de Miraflores. Esta iglesia brasileña iba a enviar a los Bazos a España a repetir el proceso. Este tipo de misión[484] pasa por desapercibido en muchos de los textos históricos y misiológicos y merece más estudio y reconocimiento.

Visité Buenos Aires para una consulta sobre *La Educación Informal.* Me parece que no tuvo mucho impacto sobre mí porque ¡mis únicas notas son un par de fotos de la Plaza y la "*Casa Rosada*"!, además de la buena hospitalidad del *Centro Kairos*[485].

1992 - MÁS DE LO MISMO

---

[484] Cf. Los de AMEN, Perú quienes han formado iglesias en París y Londres; los del AYCM, Perú quienes han formado iglesias en Miami y Filadelfia; los de las Asambleas de Dios del Perú quienes han formado iglesias en Los Ángeles, etc.

[485] Institución formada por el Dr. René Padilla

La situación en el país se tornaba más traumática y confusa[486]: apagones; falta de agua; ataques en la calle[487] y coche-bombas; quebraban los bancos mutuales; matanza de empresarios; paro armado en la sierra; matanza masiva en la cárcel[488] de Lima; más

---

[486] La revista peruana *Carretas* mostrando la fuga del campo a la ciudad por motivos de la violencia

[487] Un director de la compañía "*el Volcán*" fue acribillado en la Av. La Molina en nuestra cuadra

cadenas y soldaduras para evitar el robo de faros[489] y llantas de repuestas de carros; treinta y dos personas murieron en Lima en una semana por coches-bombas; y en el área política, se cerró el Congreso y las Cortes; las cortes militares fueron empoderadas para "*hacer justicia*"; y Fujimori constituyó un *Ministerio de la Presidencia*, una manera de canalizar fondos hacia él. El primer Ministro, San Román, estaba fuera del país en momento del "auto-golpe" de abril; Carlos Garcia, en su lugar, tuvo que refugiarse en la embajada de Argentina.

Durante esta época recibimos a varios hermanos en casa, víctimas de tortura y abuso de la fuerzas del orden o amenazados por SL. La inhumanidad del trato por ahogo,

---

[488] Las historias de unos de los traficantes británicos son insólitas. Una parte se encuentra en mi archivo NLS/BNE
[489] ¡Era todo un negocio en "*Tacora Motors*" por la Av. Aviación!

electricidad, golpes, no pude compartirlo con Juanita, quien les ofrecía comida y hospitalidad.

También comenzamos a oír y a registrar las historias[490] de presos extranjeros por motivo de ser portadores de drogas y las sentencias impuestas de quince años. Sus condiciones de vida en la cárcel era traumáticas: la gente vendía sus puertas, sus ladrillos de sus celdas para obtener comida; gente descuartizada y escondida en los desagües.; otros donaban su

---

[490] Perdí mucha de esta información, pero valdría la pena que se estudie

sangre a cambio de cigarrillos y bebida - un bendito desorden. Uno u otro escapó, pagando hasta 40,000 dólares de soborno, para ser empacado en cajas de muebles de la fábrica de la cárcel. Uno fue capturado de nuevo en el aeropuerto cuando ¡su brazo postizo se cayó al suelo, sobre cargado con la droga! Otro, creyente convertido, murió asfixiado en su celda por no tener recursos de comprar su remedio para el asma.

Al regresar a casa, un domingo, encontramos la puerta forzada. No hubo robo como tal, sino que mis archivadores estaban abiertos y rebuscados. Por la gracia de Dios, el archivo que guardaba sobre los acontecimientos de SL, lo había llevado a otra parte ese fin de semana. Sospechamos que estábamos bajo el ojo de las "*fuerzas del orden*". Todos en CEMAA y en otras entidades como Paz y Esperanza y el CONEP vivíamos en una tensión en esos tiempos, sabiendo que, de un momento a otro, pudiera pasar algo, o por los militares o por terroristas, aunque teníamos mucho más miedo de los militares, porque los terroristas, por lo general, reconocían a los que estaban a favor de las comunidades indígenas, su dignidad y sus derechos.

Durante esta época comencé a escribir un panfleto titulado: *Fe Evangélica y Acontecer Nacional* y lo diseminaba, en fotocopia, a las iglesias, creyendo que era importante comentar desde la Palabra de Dios sobre ese tiempo extraordinario en la vida de la Iglesia y la Patria El primero salió el 10 de abril, 1990, comentando sobre las elecciones, y continuó hasta dic. 27, 1992. Se publicaron treinta y siete en total, incluyendo algunos con títulos como: *La Politización de la Iglesia Quechua*[491]; *¡Hablando como chino,*

[491] junio de 1990; abril de 1992; junio de 1992; nov. de 1992;

hablando como creyente!; ¿Es Fujimori un subversivo?; Perú - un carro de ruta.

FE EVANGELICA
y acontecer nacional

FIN DE UNA EPOCA O FIN DEL MUNDO?

Dr. Estuardo McIntosh B.

Es interestante como cambian las cosas. Los políticos de la izquierda y la derecha, de todos los partidos lamentan que la política y el poder se han ido de sus manos. En verdad la política ya no esta en las manos de lo políticos. El poder no está tampoco en las manos de los poderosos. Los grandes proyectos nacionales de este momento, FREDEMO y SENDERO son incapaces de atraer a las masas. La Iglesia Católica en sus pronunciamentos también es incapaz de lograr un consenso en sus filigreses con tantos movimientos populares entre ella, tanto de dercha como de izquierda. El FIAT de la Santa Iglesia madre ha salido de la Catedral a las manos de la religiosidad popular. Cada una va por su lado. También la Rusia se ha tornado algo diferente y su antiguo poder del sistema de "sistematización" ahora no funciona. Las dos Alemanias se tornan una no por premeditación sino por la precipitación de los dos pueblos. Paises machistas como Indonesia, Pakistán y Nicaragua tienen a presidentas y para el colmo la presidenta de Nicaragua nombra a un sandinista como parliamentario. ¿Que pasa con el mundo de estructuras y de verticalidad, que pasa?

¿Es que "nuestros hermanitos ignorantes" y "sencillos" en todos los países del mundo al votar u optar por cambio se han equivocado o hay algo detrás de todo ello? ¿Hay algo todavía no bien percibido por los grandes?. ¿Estamos entrando en una nueva época, o estamos llegando al fin del mundo? Los Israelitas del Nuevo Pacto con su fracaso electoral ahora estan condenados a predicir la sequía y la segunda venida para el año dos mil. Pero ¿que de nosotros, los evangélicos?

Como evangélicos hemos vivido siempre en el flujo y reflujo de los tiempos. Somos parte de la historia y a la vez a-parte de la historia. Hemos aprendido por más de tres milenia que los llamados de Dios sobrepasan la historia - "Tronos y coronas pueden perecer, mas la Iglesia de Cristo constante ha de ser". Sin embargo ¿estamos capacitándonos para vivir en un mundo de nuevos entretejidos? La ventaja de la Iglesia Evángelica es que se presta por su naturaleza para cambios de estructura. Puede sobrevivir en la persecución o el entorno formal estructurado. Las múltiples formas y denominaciones evangélicas no son una señal de muerte sino una señal de vida. Son señal de unidad en la pluralidad.

El próximo milenio sería uno donde el Perú dejará de ser un país político-geográfico pero llegaría a ser parte de una estructura de mercado minorista cuyas reglas estan dominadas por elementos micro-políticos de corte reaccionista. De repente tiene razón Atacusi cuando prefigura un fin del mundo. Están muriendo 100 peruanos a la semana por la Violencia ahora, y 100 bebés por día por falta de atencion médica y sustento.   Abril 28,1990

aptdo. 18-1561, LIMA   tel. 37

Fue en este

contexto que iba a pasar una situación de mayor índole referente a la violencia. Por los motivos antes mencionados, no asistí a CLADE III en Ecuador. El hecho y acontecimientos de la muerte de Rómulo Sauñe[492] están registrados por otros en libros y artículos populares que han ganado notoriedad en todo el mundo.

Sin embargo, yo tuve el privilegio y la angustia de acompañar a los familiares de las víctimas a Ayacucho y estar en ese cuarto oscuro, oír y anotar de primera mano, el relato del único sobreviviente de la matanza en Km.20 de la carretera Ayacucho-Lima. También, estuve en el velorio y en el entierro como observador/participante y en las dificultades de sacar a los involucrados de nuevo a Lima. Registré todo eso y lo

---

[492] Un Líder de las Iglesias Quechua y vinculado con TAWA y el ILV

publiqué, en grande parte, para los familiares, en el día de retorno a Lima, cuando ellos iban a salir, en forma definitiva, del Perú. Lastimosamente mis fotos, tomados en Ayacucho, fueron decomisadas por el ILV, porque me prestabaron los rollos.

Noté en todo lo sucedido, cuán fácil es aprovechar de una tragedia, es decir de hacer "*una historia heroica*" a espaldas de "*una historia de abajo*". Hubo siete muertos en el atraco en Km. 20 de *la Carretera de los Libertadores* esa tarde; solo tres ataúdes en la iglesia presbiteriana al siguiente día. Lo insólito en Ayacucho en estos años fue el trabajo de la construcción más grande en Ayacucho, ¡la de "*los nichos*" en el panteón!

Viajé de nuevo a Brasil ese año a una consulta de AETAL[493]. Encontré que los de

---

[493] *Asociación Evangélica de Teología en América Latina*

Brasil en la consulta tuvieron posiciones distintas, como evangélicos, que nosotros de la delegación del Perú. La distinción era cultural. Mientras nosotros, como peruanos, podríamos ser muy conflictivos y directos en nuestras intervenciones, como era de costumbre en un debate, muy en especial referente a la violencia y el terrorismo y nuestra reflexión teológica sobre ella; ellos, percibieron nuestra manera de comportarnos, como ¡falta de espiritualidad y de santificación! Luego, como ellos se movían más quizás en situaciones de la religión tradicional de *Macumbé* y *Candomblé,* su percepción del área de NERMS[494] era muy parametrada - "*demoniaca por completo*" - y no podían comprender que los NERMS podrían acontecer, por elementos socio-culturales y/o por una falta de un evangelio contextualizado e integral. Las cosas no iban

---

[494] Op.cit.

muy bien. Sin embargo, fui nombrado *Coordinador para parte de la región sur de AL*. Lastimosamente, al final de 1992, en una próxima reunión, algunos de Brasil, de un momento a otro, me acusaron de ser "*liberacionista*" y quisieron orar por mí al respeto. Tuve que renunciar[495].

A fines de setiembre, Juanita y yo participamos en una convención, a invitación de la *Asociación de Iglesia Shipibo-Conibo* en Pucallpa.

---

[495] Carta Dic., 21, 1992 AL Pr. Decio Acevedo de AETAL

Juanita tuvo mucho éxito en su papel de una madre y de compartir la Palabra de Dios a las mujeres, esposas de los líderes de las comunidades. Enseñábamos hasta cuatro veces al día.

Mientras pasaban estas cosas, a nivel familiar experimentamos tristeza. Murieron ambos padres de Juanita, en un solo día, en Inglaterra en octubre. Hicimos todo lo posible para que asistiese ella al funeral y al entierro, pero en el viaje se malogró el avión de VIASA[496] en Caracas. Llegó demasiado tarde.

En noviembre fui a La Oroya, para una Convención de la ACYM, nueve horas en un ómnibus de la mala muerte desde *la Parada*, Lima. Normalmente se hacía el viaje en la mitad del tiempo, pero fue detenido por la

---

[496] *Aerolíneas Venezolanas*

policía de tránsito en Chosica, por estar
"fuera de ruta"; se malogró en el Km. 55;
demoró un par de horas mientras el chofer
comía "alguito" más arriba; y sufrió ¡un
ligero choque¡ en la bajada de Ticlio.

....

1993 - LA ENCRUCIJADA DEL CAMINO

Pasamos también a la frontera de Chile, ida y vuelta en ómnibus, para renovar nuestras visas. Era necesario viajar a Escocia en los meses del verano peruano para ver la situación de nuestra casita en un problema con los inquilinos. También participamos en la boda de nuestra hija *"lamista"* con su esposo, Richard en Liwonde, Malaui, África. Retornamos al Perú en abril para iniciar las clases de posgrado en *FEOC*[497] y Juanita en el programa de *FEBE*[498].

[497] Op.cit.
[498] Op.cit.

Ese año habíamos salido, Juanita y yo, del edificio de CEMAA, a un departamento alquilado en Los Frutales de Monterrico, a precio muy módico, porque nadie quiso alquilarlo, habiendo muerto la dueña ¡quedando en el piso, sin ser percatada por varios meses!

Fui invitado a publicar en la prestigiosa *Revista Teológica Limense* un artículo titulado *"La Iglesia Católica en el Perú, desde una perspectiva evangélica"*[499], instando en conclusión a la Iglesia Católica en el siglo XXI.

1) Des-cubrir y denunciar a los nuevos "conquistadores", sus ideologías y metas en el Perú. El pueblo de Dios no puede permanecer siendo víctima de un proceso político y de transformación social a base de

[499] Vol. XXVII, 1993, pp451-461

engaño, desinformación y falta de compromiso hacia los más necesitados....

2) La necesidad de conocer y reconocer la presencia y los aportes que la Iglesia Evangélica puede brindar...

3) Finalmente acordémonos de las palabras del primer misionólogo jesuita José de Acosta quien escribió:

Siempre me ha percibido monstruoso que entre tantos millares de indios que se llaman cristianos, es tan raro el que conoce a Cristo...

Tal vez, por todo lo que había estado pasando en el entorno socio-político y misiológico latinoamericano, llegué a sentir cierta inquietud en mi ser en cuanto a mi porvenir y el porvenir de las instituciones evangélicas, aun de la Patria misma. Escribí una larga ponencia titulado *Ideología, Modernidad y Porvenir del Protestantismo en el Perú*[500], donde planteaba la necesidad de darnos cuenta que estábamos llegando al final de una era, una era de los *grandes proyectos;* al final de una era del enfoque de *"palabra"* a una era de *"sentimiento"*; de una época de comunidad y compañerismo, a una era de particularismo, cada cual bailando con su propio pañuelo; el retorno eclesial y de patria al *"pequeño negociante"*; al *"caciquismo evangélico"*; un retorno a *"una iglesia primal"*[501] .

Esta inquietud incrementó a lo largo del año. En la FTL, en CEMAA, en el CONEP y desde el mundo indígena al mundo internacional, sentí como si los espacios para *un extranjero y advenedizo* se cerraban y oí de nuevo las palabras de Juan el Bautista diciéndome a mí:

---

[500] Nov. de 1992 12pp en NLS/BNE
[501] FE 17 de abril de 1992 NLS/BNE

Es necesario que El crezca, pero que yo mengüe.[502]

Presentamos nuestro retiro a CEMAA y fue aceptado. Cien años había pasado desde que los primeros misioneros de la RBMU habían tocado *tierra firme,* y ahora la Iglesia Evangélica en el Perú ya estaba viva y presente.

Cuando el avión se despegó del *aeropuerto Jorge Chávez,* con nosotros a bordo y las luces del Cono Norte desaparecieron en la neblina, por última vez, recordé el refrán de los "búfalos" en la muerte de Victor Raúl Haya de la Torre:

En el dolor, hermanos.

POSCRITO

---

502 Juan 3:30

Obviamente nuestras vidas al servicio del Señor y a América Latina no iban a quedarse allí. En los años posteriores, damos gracias a Dios por la gentil aceptación de nuestro ministerio en la docencia, en la misiología y la antropología cultural por la AYCM en su programa visionario de posgrado mundial de FATELA y poder dejar huellas en la vida de estudiantes y líderes de los países del habla hispana alrededor del mundo[503]. Terminamos ese ministerio con FATELA en 2011.

Habíamos pasado dos fructíferos años, 1995-97, en Canadá[504] enseñando misiología y antropología cultural, mientras Juanita enseñaba castellano. Trabajamos en forma continua el área de los archivos, tanto los nuestros, como también los de las misiones EUSA y RBMU, con sede en New College

[503] Por SKYPE tuve estudiantes en ¡Japón, Uruguay, Miami, Chile y Ecuador a la vez!
[504] Providence College y Seminario, Manitoba

en Edimburgo y en la preparación de artículos biográficos para los diccionarios de la historia de misión[505]. En Gran Bretaña, Dios nos dio el privilegio de ser asesores de tesis doctorales de latinoamericanos/as en el área de la misiología; sueño anhelado, pero no realizado, en el Perú, y colocar todos nuestras cartas, fotos, ponencias, libritos y artefactos en la *Biblioteca Nacional de Escocia* en Edimburgo.. Así fue el aliento y llamamiento que El Señor me dio, por medio de una predicación mía[506] en 1961, no era, ni es, en vano:

—No me elegisteis vosotros a mí, sino que yo os elegí a vosotros, para que vayáis y llevéis fruto, y que su fruto permanezca[507].

---

[505] P.ej, en el *Dictionary of Scottish Church History and Theology*
[506] Predicando yo en Tollington Park, Baptist Church, Londres
[507] Juan 15:19

Printed in Great Britain
by Amazon